The VOCABULARY

완전 개정판

5

The VOCA⊕BULARY 완전 개정판 ⑤

지은이 넥서스영어교육연구소
펴낸이 임상진
펴낸곳 (주)넥서스

출판신고 1992년 4월 3일 제311-2002-2호 [2-11]
10880 경기도 파주시 지목로 5
Tel (02)330-5500 Fax (02)330-5555
ISBN 978-89-98454-38-8 54740
      978-89-98454-33-3 (SET)

가격은 뒤표지에 있습니다.
잘못 만들어진 책은 구입처에서 바꾸어 드립니다.

www.nexusEDU.kr

The VOCA⁺ BULARY

BULARY

완전 개정판

5

넥서스영어교육연구소 지음

NEXUS Edu

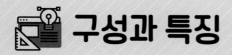

구성과 특징

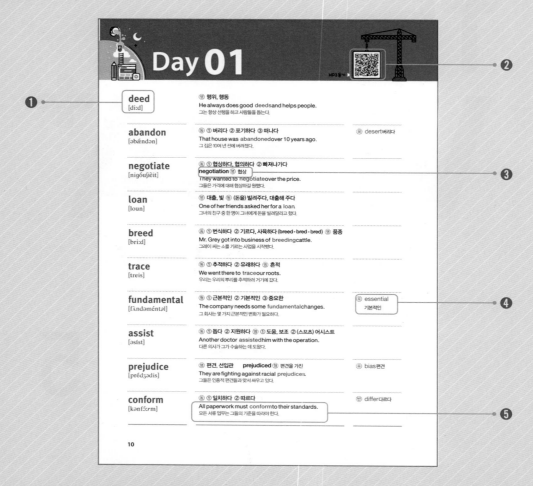

❶ **학년별로 꼭 알아야 하는 교육부 권장 표제어**
Day마다 20개의 단어를 학습하며 30일 동안 완벽하게 끝내는 필수 어휘

❷ **생생한 단어 MP3 듣기용 QR 코드**
내 폰으로 바로 스캔만 하면 원어민의 목소리가 귀에 쏙쏙 들어와 암기력 강화

❸ **문어발도 부럽지 않은 완전 확장 어휘**
표제어와 함께 암기하는 명사, 동사, 형용사, 부사 등의 핵심 파생어까지 학습

❹ **학교 내신까지 확실하게 대비하는 유의어/반의어/참고 어휘**
뜻이 비슷하거나 반대의 단어와 그 밖에 꼭 알아야 할 단어도 가뿐하게 암기

❺ **표제어 핵심 뜻을 문장에서 확인하는 실용 예문**
표제어의 핵심 뜻을 적용한 예문을 제시하여 문장 속에서 어휘 쓰임 확인

일러두기

⑲ **명사**　　㈐ **대명사**　　⑧ **동사**　　⑲ **형용사**　　⑻ **부사**

㉈ **전치사**　　㉈ **접속사**　　⑻ **복수형**

㈜ **유의어**　　㉇ **반의어**　　㉈ **참고 어휘**

Exercise

Day별 학습이 끝나고 꼭 풀어야 할 1차 복습 확인 문제,
틀린 문제는 이 단계에서 바로 꼼꼼히 암기

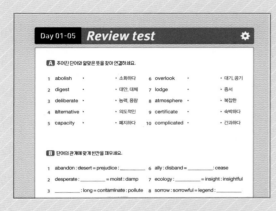

Review Test

Day 학습이 5개씩 끝날 때마다 만날 수 있는 총정리 문제,
내신 대비를 위한 확실한 마무리

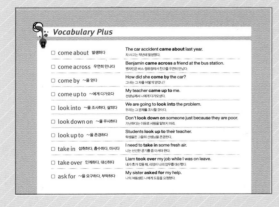

Vocabulary Plus

단어장 속의 단어장, 내신과 각종 영어 시험 대비를 위한
비법 어휘 60개

온라인 VOCA TEST

교재 학습이 끝났다면 이제 온라인으로 마지막 복습
책에 등장하지 않은 문제를 추가로 풀어보는 온라인 테스트
(www.nexusEDU.kr)

단어 MP3 듣기 파일

교재 QR 코드를 스캔하거나 홈페이지(www.nexusbook.com)에 접속해서 무료 다운로드

 # 목차

| Chapter 01

Day 01	10
Day 02	13
Day 03	16
Day 04	19
Day 05	22
Review Test	25
Vocabulary Plus	26

| Chapter 02

Day 06	28
Day 07	31
Day 08	34
Day 09	37
Day 10	40
Review Test	43
Vocabulary Plus	44

The VOCA ✚ BULARY

| Chapter 03

Day 11	46
Day 12	49
Day 13	52
Day 14	55
Day 15	58
Review Test	61
Vocabulary Plus	62

| Chapter 04

Day 16	64
Day 17	67
Day 18	70
Day 19	73
Day 20	76
Review Test	79
Vocabulary Plus	80

Chapter 05

Day 21	82
Day 22	85
Day 23	88
Day 24	91
Day 25	94
Review Test	97
Vocabulary Plus	98

Chapter 06

Day 26	100
Day 27	103
Day 28	106
Day 29	109
Day 30	112
Review Test	115
Vocabulary Plus	116

Answers	118
Index	128

Chapter 01

Day 01
~
Day 05

Day 01

MP3 듣기 ▶

deed [diːd]

[명] 행위, 행동

He always does good **deeds** and helps people.

그는 항상 선행을 하고 사람들을 돕는다.

---

abandon [əbǽndən]

[동] ① 버리다 ② 포기하다 ③ 떠나다

That house was **abandoned** over 10 years ago.

그 집은 10여 년 전에 버려졌다.

[유] desert 버리다

---

negotiate [nigóuʃièit]

[동] ① 협상하다, 협의하다 ② 빠져나가다

negotiation [명] 협상

They wanted to **negotiate** over the price.

그들은 가격에 대해 협상하길 원했다.

---

loan [loun]

[명] 대출, 빚 [동] (돈을) 빌려주다, 대출해 주다

One of her friends asked her for a **loan**.

그녀의 친구 중 한 명이 그녀에게 돈을 빌려달라고 했다.

---

breed [briːd]

[동] ① 번식하다 ② 기르다, 사육하다 (breed - bred - bred) [명] 품종

Mr. Grey got into business of **breeding** cattle.

그레이 씨는 소를 기르는 사업을 시작했다.

---

trace [treis]

[동] ① 추적하다 ② 유래하다 [명] 흔적

We went there to **trace** our roots.

우리는 우리의 뿌리를 추적하러 거기에 갔다.

---

fundamental [fʌndəméntəl]

[형] ① 근본적인 ② 기본적인 ③ 중요한

The company needs some **fundamental** changes.

그 회사는 몇 가지 근본적인 변화가 필요하다.

[유] essential 기본적인

---

assist [əsíst]

[동] ① 돕다 ② 지원하다 [명] ① 도움, 보조 ② (스포츠) 어시스트

Another doctor **assisted** him with the operation.

다른 의사가 그가 수술하는 데 도왔다.

---

prejudice [prédʒədis]

[명] 편견, 선입관 **prejudiced** [형] 편견을 가진

They are fighting against racial **prejudices**.

그들은 인종적 편견들과 맞서 싸우고 있다.

[유] bias 편견

---

conform [kənfɔ́ːrm]

[동] ① 일치하다 ② 따르다

All paperwork must **conform** to their standards.

모든 서류 업무는 그들의 기준을 따라야 한다.

[반] differ 다르다

Day 01

presence [prézəns]
[명] ① 참석 ② 남의 앞, 면전　**present** [형] 참석한; 현재의
She signed the treaty in the **presence** of two leaders.
두 명의 지도자가 참석한 가운데 그녀는 조약에 서명했다.
[반] absence 부재

---

digest [daidʒést]
[동] ① 소화하다 ② 이해하다 [명] 요약
digestible [형] 소화 가능한
You don't **digest** meat easily.
당신은 육류를 잘 소화 못 시킨다.

---

bankrupt [bǽŋkrʌpt]
[형] ① 파산한, 부도난 ② ~이 결핍된　**bankruptcy** [명] 파산, 부도
They went **bankrupt** only after two years in business.
그들은 사업한 지 2년 후에 파산되었다.

---

offspring [ɔ́(:)fsprìŋ]
[명] 자녀, 새끼
There were conflicts between parents and **offspring**.
부모와 자녀 간에 갈등이 있었다.

---

desperate [déspərit]
[형] ① 필사적인, 절실한 ② 절망적인
She was **desperate** to see him again.
그녀는 그를 다시 만나는 데 필사적이었다.
[유] hopeless 희망 없는

---

oriental [ɔ̀:riéntəl]
[형] 동양의, 동방의
We prefer **oriental** food to western food.
우리는 서양 음식보다는 동양 음식을 선호한다.
[반] occidental 서양의

---

spouse [spaus]
[명] 배우자
Both **spouses** went out to work.
남편과 부인 모두 일하러 나갔다.
[유] mate 짝

---

striking [stráikiŋ]
[형] ① 두드러진 ② 놀라운　**strikingly** [부] 놀라울 정도로
The library is a **striking** example of modern architecture.
그 도서관은 현대 건축의 놀라운 예이다.

---

yearn [jəːrn]
[동] 갈망하다, 동경하다　**yearning** [명] 갈망
Sometimes he **yearns** to be alone.
가끔 그는 혼자 있기를 갈망한다.
[유] long 갈망하다

---

abolish [əbáliʃ]
[동] 폐지하다, 철폐하다　**abolition** [명] 폐지; 노예제도 폐지
Many people support **abolishing** death penalty.
많은 사람들이 사형제 폐지를 찬성한다.

Exercise

A 주어진 단어의 뜻을 영어는 우리말로, 우리말은 영어로 쓰세요.

1	presence _____	6	협상하다	_____
2	spouse _____	7	파산한	_____
3	trace _____	8	돕다, 지원하다	_____
4	offspring _____	9	동양의	_____
5	conform _____	10	갈망하다	_____

B 알맞은 단어를 넣어 주어진 어구를 완성하세요.

1	a(n) _____ concept	기본 개념	6	_____ a corrupt system	부패한 제도를 폐지하다
2	_____ foods	음식을 소화하다	7	_____ ship	배에서 탈출하다
3	_____ situations	절박한 상황	8	extreme _____	극단적인 편견
4	do bad _____	나쁜 행위를 하다	9	a(n) _____ of cat	고양이 품종
5	a(n) _____ similarity	놀라운 유사성	10	take out a(n) _____	대출을 받다

C 알맞은 단어를 골라 문장을 완성하세요.

1 He refuses to (conform / trace) to social norms.   그는 사회적인 규범에 순응하는 것을 거부한다.

2 I get nervous in the (presence / assist) of strangers.   나는 낯선 사람들이 있으면 긴장된다.

3 They are (abolishing / yearning) for peace.   그들은 평화를 갈망한다.

4 She needs to (breed / abandon) the match.   그녀는 그 시합을 포기할 필요가 있다.

5 The company went (bankrupt / desperate).   그 회사는 파산했다.

정답 p.118

Day 02

MP3 듣기 ▶

insight
[ínsàit]

(명) 통찰력　**insightful** (형) 통찰력 있는
His book offers new insights into human nature.
그의 책은 인간성에 대한 새로운 통찰력을 제공한다.

---

discourage
[diskə́:ridʒ]

(동) ① 낙담시키다 ② 단념시키다
Her criticism might discourage her students.
그녀의 비평은 학생들을 낙담시킬지 모른다.

(반) encourage
격려하다

---

obvious
[ábviəs]

(형) ① 분명한, 명백한 ② 뻔한　**obviously** (부) 분명히
The answer seems obvious enough to me.
나에게 그 대답은 충분히 분명한 것 같다.

(유) apparent
명백한

---

enclose
[inklóuz]

(동) ① 동봉하다, 첨부하다 ② 에워싸다
The boy enclosed a photo with the card.
소년은 카드에 사진을 동봉했다.

---

deliberate
[dilíbərət]

(형) ① 신중한 ② 의도적인 (동) 심사숙고하다
deliberation (명) 심사숙고
You made a deliberate choice to choose a school.
당신은 학교를 고르는 데 신중한 선택을 했다.

(유) intentional
의도적인

---

moderate
[mádərit]

(형) ① 온건한, 중도의 ② 적당한 (동) 완화하다
My doctor recommended moderate exercise.
의사 선생님은 적당한 운동을 권했다.

(반) excessive
과도한

---

alternative
[ɔ:ltə́:rnətiv]

(명) 대안, 대체 (형) 다른, 대신의　**alternatively** (부) 대신에
Can you suggest an alternative?
대안을 제시해 주시겠어요?

---

associate
[əsóuʃiéit]

(동) ① 연관시키다 ② ~와 친구로 지내다 (명) 동료, 친구
She has been associated with the project.
그녀는 그 프로젝트와 연관되어 있다.

---

previous
[prí:viəs]

(형) 먼저의, 사전의, 앞선　**previously** (부) 이전에
Who is the previous owner of the car?
이 차의 예전 주인은 누구죠?

(반) following
뒤따르는

---

congress
[káŋgris]

(명) ① 국회, 의회 ② 회의
Congress has approved a bill to raise taxes.
의회는 세금을 올리는 법안을 승인했다.

(유) council 의회

presume
[prizjúːm]

동 ① 추정하다, 가정하다 ② 주제넘게 ~하다
presumption 명 추정, 가정
My parents presume I've already had lunch.
부모님은 내가 벌써 점심을 먹었다고 생각하신다.

---

disable
[diséibl]

동 ① (몸을) 불구로 만들다 ② (기계를) 망가뜨리다
disabled 형 장애가 있는
The disease can kill or disable the old.
그 병은 노인들을 사망에 이르게 하거나 불구로 만들 수 있다.

---

contaminate
[kəntǽməneit]

동 ① 오염시키다 ② 악에 물들게 하다
contamination 명 오염
The oil on your hands can contaminate food.
네 손에 있는 기름이 음식을 오염시킬 수 있다.

유 pollute
오염시키다

---

devise
[diváiz]

동 고안하다, 발명하다
Mike is devising interesting games for adults.
마이크는 성인을 위한 재미있는 게임들을 고안 중이다.

유 invent 발명하다

---

moist
[mɔist]

형 ① 축축한, 습기 있는 ② 촉촉한
The air was moist and heavy.
공기는 축축하고 무거웠다.

유 damp 습기 있는

---

overhear
[òuvərhíər]

동 (우연히) 엿듣다
He overheard a rumor about them.
그는 그들에 관한 소문을 엿들었다.

유 eavesdrop
(일부러) 엿듣다

---

sorrow
[sárou]

명 슬픔, 애도　　**sorrowful** 형 슬픈, 비통한
She felt sorrow at the death of her friend.
그녀는 친구의 죽음에 슬픔을 느꼈다.

유 grief 슬픔

---

province
[právins]

명 ① (행정구역) 지방, 주 ② 분야, 영역
There are many beautiful cities in the province.
그 지방에는 아름다운 도시들이 많다.

---

agony
[ǽgəni]

명 (정신적 · 육체적) 고통
He was in terrible agony after breaking his leg.
그는 다리가 부러지고 나서 극심한 고통을 겪었다.

유 torment 고통

---

stubborn
[stʌ́bərn]

형 ① 완고한, 고집 센 ② 다루기 힘든
stubbornly 부 고집스럽게
The lady was too stubborn to admit it.
그 여자는 너무 완고해서 그것을 인정할 수 없었다.

유 obstinate
고집 센

Exercise

The Vocabulary

A 주어진 단어의 뜻을 영어는 우리말로, 우리말은 영어로 쓰세요.

1 agony _____

2 province _____

3 sorrow _____

4 obvious _____

5 congress _____

6 낙담시키다 _____

7 불구로 만들다 _____

8 동봉하다 _____

9 연관시키다 _____

10 추정하다 _____

B 알맞은 단어를 넣어 주어진 어구를 완성하세요.

1 a(n) _____ decision   신중한 결정

2 _____ incomes   적당한 수입

3 _____ plans   대안

4 _____ experience   이전의 경험

5 great _____   대단한 통찰력

6 _____ a new method   새 방법을 고안하다

7 _____ talk   이야기를 엿듣다

8 _____ as a donkey   당나귀처럼 고집 센

9 _____ water   물을 오염시키다

10 a(n) _____ cake   촉촉한 케이크

C 알맞은 단어를 골라 문장을 완성하세요.

1 She was (disabled / presumed) by a car accident.   그녀는 차 사고로 불구가 되었다.

2 I (devise / associate) watermelons with summer.   나는 수박을 보면 여름이 생각난다.

3 A photo is (enclosed / discouraged) with the letter.   편지에는 사진이 첨부되어 있다.

4 It was (obvious / congress) that he was lying.   그가 거짓말을 하고 있다는 것은 명백했다.

5 He suffered no (agonies / provinces) of guilt.   그는 죄책감의 고통을 전혀 느끼지 않았다.

정답 p.118➡

15

Day 03

MP3 듣기 ▶

jury
[dʒú(:)əri]

몧 (집합) 배심원단
The jury found them both guilty.
배심원단은 그들 둘 다 유죄 평결을 내렸다.

참 juror 배심원 한 명

---

capacity
[kəpǽsəti]

몧 ① 능력 ② 용량　**capable** 혱 능력 있는, 능숙한
Does she have the capacity to handle the job?
그녀가 그 일을 처리할 만한 능력이 있나요?

---

nonetheless
[nʌnðəlés]

뷛 그럼에도 불구하고
Nonetheless, the man still played an important role.
그럼에도 불구하고 그 남자는 여전히 중요한 역할을 했다.

유 nevertheless
그럼에도 불구하고

---

ensure
[inʃúər]

됑 ① 보증하다, 보장하다 ② 확보하다
They cannot ensure James a post.
그들은 제임스에게 일자리를 보장할 수 없다.

유 assure 보장하다

---

output
[áutpùt]

몧 ① 생산, 산출 ② (전기의) 출력
The manager wants to increase output from the factory.
매니저는 공장의 생산을 증가시키고 싶어 한다.

반 input 입력

---

formula
[fɔ́:rmjələ]

몧 ① [수학] 공식 ② 제조법 ③ 방식, 방법
뵋 formulas, formulae
The product is made using a secret formula.
그 제품은 비밀 제조법을 이용해서 만든다.

---

assume
[əsjú:m]

됑 ① 가정하다 ② (역할을) 맡다 ③ ~인 척하다
assumption 몧 추정; 인수
Let's assume that she went to the movies yesterday.
그녀가 어제 영화관에 갔다고 가정해 보자.

---

portion
[pɔ́:rʃən]

몧 ① 부분, 일부 ② 몫, 할당 됑 분배하다
Some portions of the land were used for farming.
땅의 일부분들이 농사에 쓰였다.

---

superior
[səpí(:)əriər]

혱 ① 우수한, 뛰어난 ② 상급의, 상위의
superiority 몧 우월성, 우월감
He was chosen because he was the superior candidate.
그가 뛰어난 후보자였기 때문에 뽑혔다.

반 inferior 열등한

---

prohibit
[prouhíbit]

됑 ① 금지하다 ② 방해하다　**prohibition** 몧 금지
Parking is strictly prohibited in this area.
이 지역에서 주차는 엄격하게 금지된다.

유 forbid 금지하다

---

conservative
[kənsə́ːrvətiv]

[형] 보수적인 [명] 보수주의자
My parents are very **conservative** in their eating habits.
부모님은 매우 보수적인 식습관을 갖고 있다.

[반] liberal 진보적인

---

procedure
[prəsíːdʒər]

[명] 절차, 과정, 방법 proceed [동] 나아가다; 계속하다
The **procedure** will take about 10 days.
그 절차는 약 10일 정도 걸릴 것이다.

[유] process 과정

---

cosmos
[kázməs]

[명] ① 우주 ② [식물] 코스모스
The young professor explained the origins of the **cosmos**.
그 젊은 교수는 우주의 기원에 대해 설명했다.

[유] universe 우주

---

overlook
[ouvərlúk]

[동] ① 못보고 지나가다 ② 간과하다 ③ (아래에) ~이 내려다보이다
Our balcony **overlooks** the river.
우리 발코니에서 강이 내려다보인다.

[유] neglect 소홀히 하다

---

bruise
[bruːz]

[명] 멍, 타박상 [동] ① 멍들게 하다, 멍들다 ② (마음에) 상처를 주다
The soldier had a few cuts and **bruises**.
그 군인은 몇 군데 베이고 멍이 들었다.

---

brutal
[brúːtl]

[형] ① 잔인한 ② 무자비한
I'm sure that this was a **brutal** killing.
나는 이것이 잔인한 살인이었다고 확신한다.

---

machinery
[məʃíːnəri]

[명] ① 기계류 ② 기구, 조직
Do you know how to run this sort of **machinery**?
이런 종류의 기계류를 어떻게 작동시키는지 아세요?

[유] machine (하나의) 기계

---

sophisticated
[səfístəkèitid]

[형] ① 정교한 ② 세련된
A more **sophisticated** approach is required.
더 정교한 접근이 요구된다.

[유] complex 복잡한

---

reception
[risépʃən]

[명] ① 수령, 받아들이기 ② 환영회, 피로연
Soft drinks will be served during the **reception**.
피로연 동안 음료수가 제공될 것이다.

---

alert
[ələ́ːrt]

[형] ① 방심하지 않는 ② 기민한
He had trouble staying **alert** while he was driving.
그는 운전하는 동안 계속 정신을 차리는 데 어려움이 있었다.

[유] watchful 경계하는

Exercise

The Vocabulary

A 주어진 단어의 뜻을 영어는 우리말로, 우리말은 영어로 쓰세요.

1 superior _____   6 잔인한, 무자비한 _____

2 machinery _____   7 가정하다, ~인 척하다 _____

3 cosmos _____   8 부분, 일부 _____

4 prohibit _____   9 그럼에도 불구하고 _____

5 procedure _____   10 배심원단 _____

B 알맞은 단어를 넣어 주어진 어구를 완성하세요.

1 a(n) _____ of two liters   2리터의 용량   6 _____ a problem   문제점을 간과하다

2 _____ safety   안전을 보장하다   7 a(n) _____ on one's arm   팔의 멍

3 yearly _____   연간 생산량   8 stay _____   정신을 차리고 있다

4 a(n) _____ for success   성공을 위한 공식   9 get a warm _____   환대 받다

5 a(n) _____ politician   보수 정치인   10 _____ technologies   고도의 기술

C 알맞은 단어를 골라 문장을 완성하세요.

1 They know how the (jury / portion) works.   그들은 배심원단이 어떻게 일을 하는지 안다.

2 The king (assumed / ensured) the throne in 1801.   그 왕은 1801년에 왕좌에 올랐다.

3 I want to know how the (formula / cosmos) began.   나는 우주가 어떻게 시작되었는지 알고 싶다.

4 Some (bruise / machinery) was damaged.   기계 중 일부가 망가졌다.

5 He thinks he is (alert / superior) to others.   그는 자신이 다른 사람보다 우월하다고 생각한다.

정답 p.118 ➡

Day 04

MP3 듣기 ▶

maintenance
[méintənəns]

(명) ① 유지, 정비 ② 관리 ③ 부양, 지원
maintain (동) 유지하다; 부양하다; 주장하다
The old building needs a lot of maintenance.
그 오래된 건물은 유지 보수가 많이 필요하다.

eliminate
[ilímənèit]

(동) ① 없애다, 제거하다 ② (경쟁 등에서) 탈락시키다
elimination (명) 제거
The company plans to eliminate 100 jobs next year.
그 회사는 내년에 100개의 일자리를 없앨 계획이다.

boast
[boust]

(동) ① 자랑하다 ② (자랑거리를) 가지고 있다 (명) 자랑, 자랑거리
He boasts to us about his new computer.
그는 자신의 새 컴퓨터에 대해 우리에게 자랑한다.

finance
[finǽns]

(명) 재정, 금융 (동) 자금을 공급하다
The shop closed due to lack of finance.
그 매장은 재정 부족으로 문을 닫았다.

(유) fund 자금을 대다

lodge
[lɑdʒ]

(동) ① 숙박하다, 머무르게 하다 ② ~을 맡기다
(명) ① 오두막 ② (행락지의) 숙박시설, 호텔
We lodged at the resort.
우리는 그 리조트에서 숙박했다.

initial
[iníʃəl]

(형) 초기의, 최초의 (명) 첫 글자, 머리글자   **initially** (부) 처음에는
His initial popularity soon disappeared.
그의 초기 인기는 곧 사라졌다.

atmosphere
[ǽtməsfìər]

(명) ① (지구의) 대기, 공기 ② 분위기
The planets have different atmospheres.
행성들은 서로 다른 대기를 갖고 있다.

protest
[próutèst]

(동) ① 항의하다 ② 시위하다 (명) ① 항의 ② 시위
The decision was protested by dozens of people.
그 결정은 수십 명의 사람들에 의해 항의를 받았다.

(유) complain
항의하다

constitute
[kánstətjùːt]

(동) ① 구성하다 ② 제정하다, 설립하다
Eleven players constitute a soccer team.
11명의 선수가 하나의 축구팀을 구성한다.

prompt
[prɑmpt]

(형) ① 즉각적인, 신속한 ② 시간 약속을 지키는 (동) 촉구하다
promptly (부) 즉시
The patient needs prompt first aid treatment.
그 환자는 신속한 응급 치료가 필요하다.

eclipse
[iklíps]

몡 ① [천문] (일식 · 월식의) 식 ② (권위, 인기 등이) 떨어짐
On Monday there will be a total eclipse of the sun.
월요일에 개기 일식이 있을 것이다.

cherish
[tʃériʃ]

동 ① 소중히 여기다 ② 마음속에 품다
I will always cherish that memory.
나는 항상 그 기억을 소중하게 여길 것이다.

반 despise
멸시하다

legend
[lédʒənd]

몡 ① 전설 ② 전설적 인물 ③ (지도 · 도표 등의) 범례
legendary 형 전설적인
She has become a legend in this field.
그녀는 이 분야에서 전설이 되었다.

pavement
[péivmənt]

몡 ① 포장도로 ② 인도
Do not ride your bike on the pavement.
인도에서 자전거 타지 마세요.

customize
[kʌ́stəmàiz]

동 맞춤 제작하다, 요구에 맞게 변형시키다
customization 몡 특별 주문 제작
The company specializes in customized systems.
그 회사는 고객에 맞춘 시스템이 전문이다.

tribute
[tríbjuːt]

몡 ① 감사의 표시, 찬사 ② (다른 나라에 바치는) 공물
This concert was a tribute to the singer.
이 콘서트는 그 가수에게 바치는 것이었다.

solemn
[sάləm]

형 엄숙한, 진지한
He spoke in a solemn manner.
그는 엄숙한 태도로 말했다.

유 grave 심각한

dine
[dain]

동 (저녁) 식사를 하다
I'll be dining alone tonight.
나는 오늘 밤에 혼자 저녁을 먹을 것이다.

ally
[əlái]

몡 동맹(국), 연합 동 ~와 동맹하다, 연합하다
They have allied with their former enemies.
그들은 예전 적들과 동맹을 맺었다.

반 disband
해체하다

penalty
[pénəlti]

몡 ① 처벌, 벌금 ② 불이익 ③ 벌칙, 페널티
The hokey player was given a penalty.
그 하키 선수는 벌칙을 받았다.

유 punishment
처벌

Exercise

The Vocabulary

A 주어진 단어의 뜻을 영어는 우리말로, 우리말은 영어로 쓰세요.

1 ally   _____

2 initial   _____

3 pavement _____

4 dine   _____

5 eliminate   _____

6 감사의 표시, 찬사   _____

7 자랑하다, 자랑   _____

8 재정, 금융   _____

9 구성하다, 설립하다 _____

10 (일식·월식의) 식   _____

B 알맞은 단어를 넣어 주어진 어구를 완성하세요.

1 a(n) _____ fee   유지비

2 _____ at an inn   여인숙에서 숙박하다

3 _____ a memory   기억을 소중히 간직하다

4 Earth's _____   지구의 대기

5 a letter of _____   항의 편지

6 _____ service   빠른 서비스

7 a(n) _____ voice   엄숙한 목소리

8 a basketball _____   전설적인 농구 선수

9 _____ a car   자동차를 주문 제작하다

10 a stiff _____   높은 벌금

C 알맞은 단어를 골라 문장을 완성하세요.

1 I (cherished / eliminated) fatty foods from my diet.   나는 식단에서 기름진 음식을 제외했다.

2 He used to (boast / protest) about his big house.   그는 자신의 큰 집에 대해 자랑하곤 했다.

3 Our (prompt / initial) goals ended in failure.   우리의 초기 목표들은 실패로 끝났다.

4 They (constitute / dine) the core of this meeting.   그들이 이 모임의 핵심을 구성한다.

5 I'd like to pay (tribute / ally) to you all for your hard work.   여러분들의 노고에 대해 감사드리고 싶습니다.

정답 p.118 ➡

Day 05

qualify
[kwάləfài]

동 ① 자격을 주다[얻다] ② 시험에 통과하다
qualification 명 자격
Did they qualify to receive financial aid?
그들은 경제 원조를 받을 자격을 얻었나요?

---

faint
[feint]

형 (빛 · 소리 · 냄새 등이) 희미한, 약한 동 기절하다
We heard a faint noise.
우리는 희미한 소음을 들었다.

---

certificate
[sərtífikeit]

명 ① 증서 ② 자격증, 학위
She earned a teaching certificate.
그녀는 교사 자격증을 땄다.

유 certification
증서

---

persist
[pərsíst]

동 ① 지속하다 ② 고집하다　**persistent** 형 지속하는; 끈기 있는
She persisted in denying that it was her fault.
그녀는 그것이 자신의 잘못이라는 점을 계속 부정했다.

반 cease 멈추다

---

modest
[mάdist]

형 ① 겸손한 ② 적당한　**modestly** 부 적당히
There has been a modest increase in sales.
판매에서 적당한 증가가 있었다.

---

pinch
[pinʧ]

동 ① 꼬집다 ② 꽉 죄다 명 꼬집기
Her parents pinched her cheeks.
그녀의 부모님은 그녀의 볼을 꼬집었다.

---

authority
[əθɔ́ːrəti]

명 ① 권위, 권한 ② 관계 당국 ③ 권위자, 전문가
Local authorities are investigating the accident.
지역 당국이 그 사건을 조사하고 있다.

---

convention
[kənvénʃən]

명 ① 집회, 대회 ② 협약 ③ 관습　**conventional** 형 관습적인
They went to the annual teachers' convention.
그들은 연례 교사 집회에 갔다.

---

diminish
[dimíniʃ]

동 ① 감소하다 ② (평판 등을) 손상하다
The snow will diminish in the north.
북부 지방에서는 눈이 감소할 것이다.

유 decrease
감소하다

---

interior
[intí(:)əriər]

명 ① 내부 ② 내륙 지방 형 내부의, 실내의
The car has a spacious interior.
그 차는 내부가 넓다.

반 exterior 외부의

prospect
[práspèkt]

영 ① 전망 ② 가능성
There is no prospect that they will reach an agreement.
그들이 합의에 이를 가능성은 없다.

유 expectation
기대, 예상

exhale
[ekshéil]

동 ① 숨을 내쉬다 ② (기체 등을) 내뿜다
You have to inhale deeply and exhale slowly.
당신은 깊게 숨을 들이마시고 천천히 숨을 내쉬어야 한다.

반 inhale
숨을 들이쉬다

complicated
[kámpləkèitid]

형 복잡한, 어려운, 난해한
The game's rules are too complicated.
그 경기의 규칙은 너무 복잡하다.

유 intricate 복잡한

ecology
[ikálədʒi]

명 ① 생태 환경 ② 생태학   ecological 형 생태학적인
It caused damage to the ecology of the coast.
그것은 해안 생태계에 피해를 주었다.

inherit
[inhérit]

동 ① 물려받다, 상속하다 ② 유전되다
All his children will inherit a fortune equally.
그의 모든 자녀들은 재산을 똑같이 물려받을 것이다.

pedestrian
[pədéstriən]

명 보행자 형 ① 보통의, 평범한 ② 보행자의
The area is open only to pedestrians.
이 지역은 보행자들만이 다닐 수 있다.

sentimental
[sèntəméntəl]

형 ① 감정에 따른 ② 감상적인
The old lady had sentimental ideas about the past.
그 노부인은 과거에 대해 감상적인 생각이 들었다.

유 emotional
감정적인

underline
[ʌ́ndərlàin]

동 ① 밑줄 긋다 ② 강조하다
The accident underlines our need for better safety.
그 사고는 더 나은 안전에 대한 우리의 필요성을 강조한다.

유 emphasize
강조하다

outlook
[áutlùk]

명 ① 전망 ② 경치 ③ 견해
The political outlook is still uncertain.
정치적인 전망은 아직 분명하지 않다.

유 perspective
관점, 견해

awaken
[əwéikən]

동 ① 잠에서 깨다 ② 각성하다, 깨닫다
A loud noise awakened her.
시끄러운 소음이 그녀를 깨웠다.

유 wake up 깨다

A 주어진 단어의 뜻을 영어는 우리말로, 우리말은 영어로 쓰세요.

1 outlook _____

2 sentimental _____

3 persist _____

4 modest _____

5 prospect _____

6 자격을 주다 _____

7 물려받다, 유전되다 _____

8 숨을 내쉬다 _____

9 감소하다 _____

10 집회, 협약, 관습 _____

B 알맞은 단어를 넣어 주어진 어구를 완성하세요.

1 _____ one's nose   코를 꼬집다

2 speak with _____   권위 있게 말하다

3 the _____ of a house   집안 내부

4 _____ rules   복잡한 규칙

5 marine _____   바다 생태계

6 a(n) _____ only area   보행자 전용 구역

7 _____ a sentence   문장에 밑줄을 긋다

8 _____ to the danger   위험을 깨닫게 하다

9 a(n) _____ smell   희미한 냄새

10 a birth _____   출생증명서

C 알맞은 단어를 골라 문장을 완성하세요.

1 They all (qualify / underline) for the position.   그들은 모두 그 직책에 대한 자격을 갖추고 있다.

2 If the fever (pinches / persists), you must see a doctor.   열이 지속되면 병원에 가야 한다.

3 Her interest in acting has (diminished / exhaled).   연기에 대한 그녀의 관심은 줄어들었다.

4 Curly hair is (awakened / inherited) from the mother's side.   곱슬머리는 외가 쪽에서 유전되었다.

5 This picture has (sentimental / modest) value for me.   이 사진은 나에게 감상적인 가치를 담고 있다.

정답 p.118 ➡

A 주어진 단어와 알맞은 뜻을 찾아 연결하세요.

1 abolish ·	· 소화하다	6 overlook · · 대기, 공기
2 digest ·	· 대안, 대체	7 lodge · · 증서
3 deliberate ·	· 능력, 용량	8 atmosphere · · 복잡한
4 alternative ·	· 의도적인	9 certificate · · 숙박하다
5 capacity ·	· 폐지하다	10 complicated · · 간과하다

B 단어의 관계에 맞게 빈칸을 채우세요.

1 abandon : desert = prejudice : _____
2 desperate : _____ = moist : damp
3 _____ : long = contaminate : pollute
4 encourage : _____ = cherish : despise
5 previous : _____
   = conservative : liberal

6 ally : disband = _____ : cease
7 ecology : _____ = insight : insightful
8 sorrow : sorrowful = legend : _____
9 prompt : promptly = stubborn : _____
10 qualify : qualification
   = customize : _____

C 알맞은 단어를 넣어 문장을 완성하세요.

1 They disappeared without a(n) _____.   그들은 흔적도 없이 사라졌다.
2 I _____ that they will pass the exam.   나는 그들이 시험에 통과하리라고 생각한다.
3 Smoking is _____ in the area.   담배는 그 지역에서 금지된다.
4 He is an expert in _____.   그는 금융 전문가이다.
5 There is little _____ of bankruptcy.   파산의 가능성은 거의 없다.

정답 p.119➡

25

Vocabulary Plus

☐ **come about** 발생하다
The car accident **came about** last year.
차 사고는 작년에 발생했다.

☐ **come across** 우연히 만나다
Benjamin **came across** a friend at the bus station.
벤자민은 버스 정류장에서 친구를 우연히 만났다.

☐ **come by** ~을 얻다
How did she **come by** the car?
그녀는 그 차를 어떻게 얻었니?

☐ **come up to** ~에게 다가오다
My teacher **came up to** me.
선생님께서 나에게 다가오셨다.

☐ **look into** ~을 조사하다, 살피다
We are going to **look into** the problem.
우리는 그 문제를 조사할 것이다.

☐ **look down on** ~을 무시하다
Don't **look down on** someone just because they are poor.
가난하다는 이유로 사람을 얕보지 마라.

☐ **look up to** ~을 존경하다
Students **look up to** their teacher.
학생들은 그들의 선생님을 존경한다.

☐ **take in** 섭취하다, 흡수하다, 마시다
I need to **take in** some fresh air.
나는 신선한 공기를 좀 마셔야 한다.

☐ **take over** 인계하다, 대신하다
Liam **took over** my job while I was on leave.
내가 휴가 갔을 때, 리암이 나의 업무를 대신했다.

☐ **ask for** ~을 요구하다, 부탁하다
My sister **asked for** my help.
나의 여동생은 나에게 도움을 요청했다.

Check-up Test

1 Betty _____ _____ Wendy on the street.
베티는 길에서 우연히 웬디를 만났다.

2 My nephew _____ _____ _____ me.
나의 조카는 나를 존경한다.

3 I will _____ _____ my parents' business.
나는 부모님의 일을 이어받을 것이다.

4 A high paying job is hard to _____ _____.
높은 급여를 받는 직업은 얻기 힘들다.

5 How did the accident _____ _____?
그 사고가 어떻게 해서 발생한 거니?

정답 p.119➡

Chapter 02

Day 06
~
Day 10

Day 06

sacrifice
[sǽkrəfàis]

뗑 ① 희생 ② 제물 뙤 ① 희생하다, 포기하다 ② 제물을 바치다
The goat was offered as a sacrifice.
염소는 제물로 제공되었다.

mature
[mətʃúər]

휑 ① 성숙한 ② 숙성된 ③ 만기된
뙤 ① 성숙하다 ② 숙성되다 ③ 만기되다
She was mature enough to live on her own.
그녀는 혼자 살 수 있을 만큼 충분히 성숙했다.

뗀 immature
미성숙한

enforce
[infɔ́:rs]

뙤 ① (법 등을) 집행하다, 적용하다 ② ~을 강요하다
enforcement 뗑 집행; 강제
The main role of the police is to enforce the law.
경찰의 주된 역할은 법을 집행하는 것이다.

윤 execute
집행하다

session
[séʃən]

뗑 ① 회의 ② 회기 ③ 기간, 시간
A training session will be held soon.
교육 시간이 곧 열릴 것이다.

overall
[òuvərɔ́:l]

뗀 전반적으로 휑 종합적인, 전체의
The overall winner will be announced in December.
전체 우승자가 12월에 발표될 것이다.

윤 entire 전반적인

regulate
[régjəlèit]

뙤 ① 규제하다 ② 조절하다   regulation 뗑 규제; 규정
The government regulates foreign trades.
정부는 해외 무역을 규제한다.

윤 control 통제하다

exceed
[iksí:d]

뙤 ① 넘어서다, 초과하다 ② 능가하다
excess 뗑 지나침, 초과
The cost exceeded our estimate.
비용은 우리 견적을 초과했다.

윤 excel 능가하다

automatic
[ɔ̀:təmǽtik]

휑 ① 자동적인 ② 무의식적인
automatically 뗀 자동적으로
I think this automatic gate is broken again.
나는 이 자동문이 또 고장 났다고 생각한다.

coordinate
[kouɔ́:rdənèit]

뙤 ① 조정하다 ② 협력하다 ③ 잘 어울리다
We will have to coordinate with that department.
우리는 그 부서와 협력해야 할 것이다.

employment
[implɔ́imənt]

뗑 ① 고용, 취업 ② 취업률   employ 뙤 고용하다
The law encourages the employment of women.
그 법은 여성들의 고용을 장려한다.

protocol
[próutəkɔ̀(:)l]

[명] ① 의정서 ② 의례, 관습 ③ 통신규약
We need to follow the proper **protocols**.
우리는 적절한 의례를 따라야 한다.

---

expel
[ikspél]

[동] ① 추방하다 ② 배출하다
He was **expelled** from school for bad behavior.
그는 나쁜 행동으로 학교에서 쫓겨났다.

[유] eject
쫓아내다

---

adolescence
[æ̀dəlésəns]

[명] 사춘기, 청소년기 **adolescent** [형] 청소년기의; 청소년
She spent most of her **adolescence** in Busan.
그녀는 청소년기의 대부분을 부산에서 보냈다.

---

cigarette
[sìgərét]

[명] 담배, 궐련
My father used to smoke a packet of **cigarettes** a day.
아버지는 하루에 담배 한 갑씩을 피우시곤 하셨다.

---

indifferent
[indífərənt]

[형] ① 무관심한 ② 평범한, 대수롭지 않은
indifference [명] 무관심
How can you be so **indifferent**?
당신은 어떻게 그렇게 무관심할 수 있죠?

---

peer
[piər]

[명] 동료 [동] 응시하다
He was respected by his **peers**.
그는 동료들로부터 존경을 받았다.

---

sensible
[sénsəbl]

[형] ① 분별력 있는 ② 합리적인 **sensibly** [부] 분별력 있게
The man gave his daughter some **sensible** advice.
그 남자는 딸에게 현명한 조언을 했다.

---

demolish
[dimάliʃ]

[동] 파괴하다, 부수다
Their cars were **demolished** in the accident.
그들의 자동차는 사고로 부서졌다.

[유] destroy
파괴하다

---

anonymous
[ənάnəməs]

[형] 익명의, 미상의
The threat was made by an **anonymous** phone call.
그 위협은 익명의 전화로부터 왔다.

[유] unnamed
익명의

---

verbal
[və́ːrbəl]

[형] 언어의, 구두의
He gave only **verbal** instructions.
그는 말로만 지시를 했다.

[반] nonverbal
비언어적인

Exercise

The Vocabulary

A 주어진 단어의 뜻을 영어는 우리말로, 우리말은 영어로 쓰세요.

1	cigarette	_____	6 성숙한, 만기된	_____
2	session	_____	7 사춘기, 청소년기	_____
3	overall	_____	8 무관심한, 평범한	_____
4	exceed	_____	9 분별력 있는, 합리적인	_____
5	demolish	_____	10 조정하다, 협력하다	_____

B 알맞은 단어를 넣어 주어진 어구를 완성하세요.

1	_____ many things	많은 것들을 희생하다	6 be _____ from the group	집단에서 추방당하다
2	_____ cooperation	협력을 강요하다	7 part-time _____	시간제 근무
3	_____ body weight	체중을 조절하다	8 _____ pressure	또래의 압력
4	_____ teller machine	자동 음성 기계	9 _____ abuse	언어폭력
5	the Kyoto _____	교토 의정서	10 a(n) _____ letter	익명의 편지

C 알맞은 단어를 골라 문장을 완성하세요.

1	They (demolished / enforced) the old theater.	그들은 오래된 극장을 허물었다.
2	He has a(n) (overall / sensible) attitude.	그는 분별력 있는 태도를 지녔다.
3	I got a ticket for (exceeding / regulating) the speed limit.	나는 속도제한을 초과하여 딱지를 떼었다.
4	Are teenagers (indifferent / mature) enough to vote?	십 대들이 투표를 할 만큼 성숙한가?
5	She (coordinates / expels) the speed of the offense.	그녀는 공격의 속도를 조절한다.

정답 p.119 ➡

30

Day 07

MP3 듣기 ▶

tap
[tæp]

동 가볍게 두드리다　명 ① 가벼운 두드림　② 수도꼭지
Jen tapped her nose with her finger.
젠은 손가락으로 코를 가볍게 두드렸다.

nerve
[nə:rv]

명 ① 신경　② 용기　　nervous 형 긴장된
It took a lot of nerve for her to ask him out.
그녀가 그에게 데이트하자고 하는 데 많은 용기가 필요했다.

federal
[fédərəl]

형 ① 연방의　② 연방 정부의　　federation 명 연합, 연맹
He was charged with violating federal law.
그는 연방법을 어겨서 기소되었다.

administer
[ədmínistər]

동 ① 관리하다　② 실시하다　③ (약을) 투여하다
You've been hired to administer the fund.
당신은 기금을 관리하려고 채용되었다.

유 manage
관리하다

phenomenon
[finámənàn]

명 현상, 사건　　phenomenal 형 경이적인
This trend is certainly not a new phenomenon.
이 트렌드는 분명 새로운 현상이 아니다.

shift
[ʃift]

동 바꾸다, 이동하다　명 ① 변화, 전환　② 교대 근무(조)
The children shifted their positions slightly.
아이들은 각자의 위치를 조금씩 바꿨다.

유 transfer
이동하다

discipline
[dísəplin]

명 ① 기강, 규율　② 훈련
There should be tougher discipline in schools.
학교에 좀 더 센 규율이 필요하다.

contradict
[kàntrədíkt]

동 ① 모순되다　② 부정하다　　contradiction 명 모순; 반대
Recent evidence has contradicted the theory.
최근 증거가 그 이론을 부정했다.

유 deny 부인하다

remedy
[rémədi]

명 ① 요법, 해결책　② 약　동 ① 치료하다　② 개선하다
The law provides a legal remedy.
법이 법률적인 해결책을 제시한다.

유 cure 치료하다

fabulous
[fǽbjələs]

형 ① 멋진, 대단한　② (양 · 크기가) 엄청난
You look fabulous today!
너 오늘 멋져 보인다!

유 incredible
엄청난

diagram
[dáiəgræm]

몡 도표, 도식, 도형
This diagram shows how the system operates.
이 도표는 시스템이 어떻게 작동하는지 보여준다.

윤 graph
그래프, 도표

---

enthusiasm
[inθú:ziæzəm]

몡 ① 열정 ② 열광   enthusiastic 헹 열정적인
They seem to lack enthusiasm for the work.
그들은 일에 대해 열정이 부족해 보인다.

윤 passion 열정

---

hostile
[hástəl]

헹 ① 적대적인 ② 적의, 적군의
The small town was hostile to outsiders.
그 작은 도시는 외부인들에게 적대적이었다.

반 hospitable
호의적인

---

plague
[pleig]

몡 역병, 전염병 됭 괴롭히다
Hundreds of people died of the plague.
수백 명의 사람들이 그 전염병으로 사망했다.

---

ritual
[rítʃuəl]

몡 의식 절차, 의식 헹 의례적인, 의식의
Their meetings became a weekly ritual.
그들의 모임은 주간 의식이 되었다.

윤 ceremony 의식

---

furnish
[fə́:rniʃ]

됭 ① (가구를) 비치하다 ② (물품을) 제공하다
Furnishing a new home can be very expensive.
새 집에 가구를 비치하는 것은 돈이 많이 들 수 있다.

윤 equip
장비를 갖추다

---

viewpoint
[vjú:pɔint]

몡 관점, 견해
Prayer gave them a positive viewpoint.
기도는 그들에게 긍정적인 관점을 주었다.

윤 standpoint
관점

---

invaluable
[invǽljuəbl]

헹 매우 귀중한
This book is an invaluable resource for humanity.
이 책은 인류에게 귀중한 자산이다.

윤 priceless
귀중한

---

appliance
[əpláiəns]

몡 가전제품, 기기
Don't plug in an electrical appliance with wet hands.
젖은 손으로 전자제품 선을 꽂지 마세요.

윤 gadget 기계장치

---

command
[kəmǽnd]

됭 ① 명령하다 ② 지휘하다 몡 ① 명령 ② 통솔 ③ 능력, 구사력
The ship is under the command of Captain Taylor.
배는 테일러 선장의 통솔 하에 있다.

A 주어진 단어의 뜻을 영어는 우리말로, 우리말은 영어로 쓰세요.

1 phenomenon _____
2 contradict _____
3 diagram _____
4 enthusiasm _____
5 discipline _____

6 가볍게 두드리다 _____
7 (가구를) 비치하다 _____
8 명령하다, 지휘하다 _____
9 의식 절차, 의식 _____
10 멋진, 대단한 _____

B 알맞은 단어를 넣어 주어진 어구를 완성하세요.

1 a(n) _____ government   연방 정부
2 touch a(n) _____   신경을 건드리다
3 _____ a drug   약물을 투여하다
4 night _____   야간 근무
5 _____ behavior   적대적 행동

6 a folk _____   민간요법
7 a city _____ with crime   범죄로 병든 도시
8 a scientific _____   과학적 관점
9 a(n) _____ experience   귀중한 경험
10 a(n) _____ store   가전제품 가게

C 알맞은 단어를 골라 문장을 완성하세요.

1 The living room is (furnished / tapped) with sofas and a table.   거실은 소파와 테이블을 갖추고 있다.
2 Telecommuting is a relatively new (diagram / phenomenon).   재택근무는 비교적 새로운 현상이다.
3 Samuel has an excellent (enthusiasm / command) of Korean.   사무엘은 한국어 구사력이 뛰어나다.
4 The evidence (shifts / contradicts) the witness's statement.   그 증거는 목격자의 진술과 모순된다.
5 It is not easy to maintain (ritual / discipline) in the classroom.   교실 기강을 유지하는 것은 쉽지 않다.

정답 p.119➡

Day 08

MP3 듣기 ▶

valid
[vǽlid]
형 ① 유효한 ② 타당한, 근거 있는
He will need a valid passport.
그는 유효한 여권이 필요할 것이다.
반 invalid 무효한

enterprise
[éntərpràiz]
명 ① 기업, 회사 ② 사업
This is a state-owned enterprise.
이것은 국가 소유의 기업이다.
유 firm 회사

attorney
[ətə́ːrni]
명 변호사
She finished law school and became an attorney.
그녀는 로스쿨을 졸업하고 변호사가 되었다.
유 lawyer 변호사

quote
[kwout]
동 ① 인용하다 ② 견적하다
How much did they quote for the replacement work?
그들은 교체 작업 견적을 얼마 냈나요?
유 cite 인용하다

wage
[weidʒ]
명 임금, 급여 동 (전쟁·토론 등을) 하다
The union demanded a five percent wage increase.
노조는 5퍼센트의 임금 인상을 요구했다.
유 salary 월급, 급여

potential
[pəténʃəl]
형 잠재적인, 가능성 있는 명 잠재성
The disease is a potential killer.
그 병은 잠재적인 살인자이다.

comment
[kάment]
명 ① 말, 발언 ② 의견, 논평 동 언급하다
Did he make any comment about us?
그가 우리들에 대해 어떤 말을 했나요?
유 remark 말, 언급

distinct
[distíŋkt]
형 ① 뚜렷한 ② 독특한 ③ 다른　distinction 명 구별, 차이
There are five distinct categories.
다섯 개의 뚜렷한 카테고리가 있다.
반 vague 막연한

reputation
[rèpjə(ː)téiʃən]
명 명성, 평판
You did not have a good reputation at that time.
당신은 그때 좋은 평판을 얻지 못했다.

skeptical
[sképtikəl]
형 회의적인, 의심하는
I'm very skeptical about the results of the survey.
나는 설문조사의 결과에 대해 매우 회의적이다.
유 suspicious
의심이 많은

cruise
[kru:z]

명 ① 크루즈, 유람선 ② 순항
동 ① 순항하다 ② 천천히 돌아다니다
We dreamed of cruising the Mediterranean.
우리는 지중해 항해를 꿈꾸었다.

유 sail 항해하다

---

erupt
[irʌ́pt]

동 ① (화산 등이) 폭발하다, 분출하다 ② (감정이) 복받쳐 나오다
Violence erupted in the city last night.
어젯밤에 이 도시에서 폭력 사태가 터졌다.

유 explode
폭발하다

---

hospitality
[hàspitǽləti]

명 ① 환대, 환영 ② 대접, 접대
The local people showed them great hospitality.
그 지역 사람들은 그들에게 극진한 환대를 했다.

---

preview
[prí:vjù:]

명 ① 사전 검토 ② 시사회, 시연
동 ① 사전 조사하다 ② 시연을 보다
Members got a chance to preview the new show.
회원들은 새로운 쇼를 미리 볼 기회를 얻었다.

---

ridiculous
[ridíkjələs]

형 말도 안 되는, 우스운
It was a ridiculous suggestion.
그것은 말도 안 되는 제안이었다.

유 funny 우스운

---

volcano
[vɑlkéinou]

명 화산
The volcano last erupted 80 years ago.
그 화산은 마지막으로 80년 전에 분출했다.

참 earthquake
지진

---

gorgeous
[gɔ́:rdʒəs]

형 ① 호화로운 ② 매우 매력적인
His hair style looks gorgeous as usual.
그의 머리 스타일은 평소처럼 멋져 보인다.

유 magnificent
굉장히 멋진

---

reform
[rifɔ́:rm]

명 개혁, 개선, 쇄신 동 개혁하다, 쇄신하다
The laws need to be reformed.
그 법은 쇄신되어야 한다.

유 improve
개선하다

---

peculiar
[pikjú:ljər]

형 ① 특이한 ② 특유한
The dog's peculiar behavior worried them.
그 개의 특이한 행동은 그들을 걱정시켰다.

유 distinctive
독특한

---

controversy
[kántrəvə̀:rsi]

명 논란, 논쟁   controversial 형 논란을 일으키는
The election ended in controversy.
선거는 논쟁으로 끝이 났다.

A 주어진 단어의 뜻을 영어는 우리말로, 우리말은 영어로 쓰세요.

1 attorney _____
2 gorgeous _____
3 skeptical _____
4 peculiar _____
5 quote _____

6 기업, 사업 _____
7 잠재적인, 잠재성 _____
8 말, 의견, 논평 _____
9 유람선, 순항 _____
10 폭발하다, 분출하다 _____

B 알맞은 단어를 넣어 주어진 어구를 완성하세요.

1 _____ identification 유효한 신분증
2 _____ the laws 법을 개정하다
3 _____ a campaign 캠페인을 벌이다
4 a(n) _____ difference 뚜렷한 차이
5 provoke _____ 논란을 일으키다

6 a sign of _____ 환대의 표시
7 have a bad _____ 평판이 나쁘다
8 a(n) _____ idea 터무니없는 생각
9 give a(n) _____ 시사회를 열다
10 an active _____ 활화산

C 알맞은 단어를 골라 문장을 완성하세요.

1 He (quotes / cruises) from the Bible frequently. 그는 자주 성경 구절을 인용한다.

2 This team has a great (comment / potential) for growth. 이 팀은 엄청난 성장 잠재성을 지녔다.

3 The volcano (erupted / reformed) violently. 그 화산은 격렬하게 폭발했다.

4 He was highly (peculiar / skeptical) of the claim. 그는 그 주장에 대해 매우 회의적이었다.

5 Her boyfriend is absolutely (ridiculous / gorgeous). 그녀의 남자 친구는 매우 매력적이다.

정답 p.119 ➡

Day 09

MP3 듣기 ▶

---

absorb
[əbsɔ́:rb]

(동) ① 흡수하다, 빨아들이다 ② 열중하게 하다
The walls are made of a material that absorbs sound.
벽은 소리를 흡수하는 자재로 만들어졌다.

---

vast
[væst]

(형) ① 광대한 ② 거대한 ③ 막대한, 방대한
The man ate a vast amount of food.
그 남자는 방대한 양의 음식을 먹었다.

(유) immense
엄청난

---

tendency
[téndənsi]

(명) ① 경향, 추세 ② 성향, 버릇, 체질
There is a tendency for unemployment to rise in the summer. 여름에 실업률이 올라가는 경향이 있다.

(유) trend 경향, 추세

---

fierce
[fiərs]

(형) ① 격렬한, 맹렬한 ② 사나운, 험악한
The plan will face fierce opposition from them.
그 계획은 그들로부터 맹렬한 반대에 직면할 것이다.

(유) ferocious
격렬한

---

ethic
[éθik]

(명) ① 윤리, 도덕 ② 가치 체계   **ethical** (형) 윤리적인
The company was known for its poor business ethics.
그 회사는 형편없는 기업 윤리로 유명했다.

---

relevant
[réləvənt]

(형) 관련 있는, 적절한, 연관된
For further information, please refer to the relevant brochure. 더 알고 싶다면 관련 안내 책자를 참고하세요.

(반) irrelevant
관계없는

---

commit
[kəmít]

(동) ① 저지르다, 범하다 ② 위임하다 ③ 전념하다, 헌신하다
commitment (명) 약속; 헌신
The study shows what makes people commit crimes.
그 연구는 무엇 때문에 사람들이 범죄를 저지르는지 보여 준다.

---

cope
[koup]

(동) ① 대처하다 ② 맞서다, 겨루다
Young people especially find it difficult to cope with it.
젊은 사람들이 특히 그것에 대처하는 데 어려워한다.

---

visual
[víʒuəl]

(형) 시각의, 눈에 보이는   **visualize** (동) 시각화하다
Television news brings us visual images.
텔레비전 뉴스는 우리에게 시각적인 이미지를 제공한다.

(유) optical 시각적인

---

satire
[sǽtaiər]

(명) 풍자
The movie is a political satire.
그 영화는 정치적인 풍자이다.

(참) mockery 조롱

---

daydream
[déidrì:m]

명 공상, 백일몽 동 공상에 잠기다
Would you stop daydreaming and get back to work?
공상에 잠기는 거 그만두고 일하러 갈래?

---

await
[əwéit]

동 기다리다, 기대하다
They are awaiting the birth of their child.
그들은 아이의 탄생을 기다리고 있다.

유 anticipate
기대하다

---

exotic
[igzátik]

형 ① 이국적인, 이국풍의 ② 색다른
The room was full of exotic birds.
그 방은 이국적인 새들로 가득했다.

---

handicap
[hǽndikæ̀p]

명 ① (신체) 장애 ② 불리한 조건 동 불리하게 만들다
Not having a car was quite a handicap.
차가 없다는 것이 꽤나 불리한 조건이었다.

유 disability 장애

---

resolve
[rizálv]

동 ① 해결하다 ② 결심하다, 결정하다 ③ 분해하다
The couple resolved their differences.
그 커플은 그들의 차이점을 해결했다.

유 determine
결심하다

---

privilege
[prívəlidʒ]

명 특권, 특혜 동 특혜를 주다
The prince lived a life of wealth and privilege.
그 왕자는 부와 특권을 누리는 삶을 살았다.

---

resemble
[rizémbl]

동 ~와 닮다, 유사하다   resemblance 명 유사함
She strongly resembles her mother.
그녀는 엄마를 많이 닮았다.

---

astronomy
[əstránəmi]

명 천문학
I've had an interest in astronomy.
나는 천문학에 관심이 있었다.

참 astrology
점성술

---

gloomy
[glú:mi]

형 ① 우울한 ② 어두운
He became very gloomy and depressed.
그는 매우 우울하고 의기소침해졌다.

유 melancholy
우울한

---

distribute
[distríbju(:)t]

동 ① 분배하다 ② 유통시키다 ③ 살포하다
distribution 명 유통; 분배; 분포
The products will be distributed free in the village.
제품들이 그 마을에 무료로 분배될 것이다.

A 주어진 단어의 뜻을 영어는 우리말로, 우리말은 영어로 쓰세요.

1 astronomy _____
2 resemble _____
3 visual _____
4 vast _____
5 relevant _____

6 흡수하다, 열중하게 하다 _____
7 추세, 성향, 체질 _____
8 분배하다, 살포하다 _____
9 공상, 공상에 잠기다 _____
10 기다리다, 기대하다 _____

B 알맞은 단어를 넣어 주어진 어구를 완성하세요.

1 _____ with stress 스트레스에 대처하다
2 work _____ 직업 윤리
3 _____ to lose weight 체중 감량을 결심하다
4 _____ fighting 격렬한 싸움
5 a(n) _____ on society 사회 풍자

6 exercise a(n) _____ 특권을 행사하다
7 _____ plants 외래 식물
8 a(n) _____ face 우울한 얼굴
9 a physical _____ 신체적 장애
10 _____ an error 실수를 저지르다

C 알맞은 단어를 골라 문장을 완성하세요.

1 The shirt (absorbs / resolves) sweat very well. 그 셔츠는 땀을 매우 잘 흡수한다.

2 She has a(n) (astronomy / tendency) to judge hastily. 그녀는 성급하게 판단하는 경향이 있다.

3 That question is not (relevant / visual) to the discussion. 그 질문은 논의와 관계없다.

4 The charity (commits / distributes) clothing to needy people. 그 자선 단체는 어려운 사람들에게 옷을 나눠준다.

5 Mandy (awaits / resembles) her father. 맨디는 아빠를 닮았다.

정답 p.120 ⟹

Day 10

MP3 듣기 ▶

abstract [ǽbstrækt]	[형] 추상적인 [명] 발췌, 요약 [동] 추출하다 Your idea is rather vague and **abstract**. 당신의 생각은 다소 모호하고 추상적이다.	[반] concrete 구체적인
carriage [kǽridʒ]	[명] ① 마차 ② 유모차 ③ (철도의) 객차 The man rode to the city in **carriages**. 그 남자는 마차를 타고 도시로 갔다.	
urgent [ə́ːrdʒənt]	[형] 긴급한, 급박한 **urgency** [명] 급박함 He has come to deliver an **urgent** message. 그는 긴급 메시지를 전하러 왔다.	[유] pressing 긴급한
ministry [mínəstri]	[명] ① (집합적) 성직자, 목사 ② (정부의) 부서 She was moved to the **Ministry** of Education. 그녀는 교육부로 옮겼다.	
burden [bə́ːrdən]	[명] ① 부담 ② 짐, 화물 [동] 부담을 안기다 They are willing to share the **burden** of the work. 그들은 그 일의 부담을 기꺼이 나눌 것이다.	[유] weight 부담
domestic [dəméstik]	[형] ① 국내의 ② 가정의 ③ (사람에게) 길들여진 The **domestic** economy showed signs of recovery. 국내 경제는 회복의 조짐을 보였다.	[반] foreign 외국의
cosmetic [kɑzmétik]	[명] 화장품 [형] ① 겉치레의 ② 성형의 Nuts oil is sometimes used in **cosmetics**. 견과류 기름은 때때로 화장품에 쓰인다.	
trend [trend]	[명] ① 추세, 경향 ② 유행 A new **trend** is happening in South America. 새로운 유행이 남아메리카에서 일어나고 있다.	[유] tendency 경향
companion [kəmpǽnjən]	[명] ① 친구, 동료 ② 동반자 He is one of my travelling **companions**. 그는 내 여행 동반자 중 한 명이다.	[유] colleague 동료
dreadful [drédfəl]	[형] ① 매우 무서운 ② 지독한, 불쾌한 The food was bad and the service was **dreadful**. 음식은 별로였고 서비스도 끔찍했다.	[유] awful 무시무시한

geography
[ʤiágrəfi]

ⓜ ① 지리학 ② 지형
She hated geography class at school.
그녀는 학교에서 지리학 수업을 싫어했다.

corporate
[kɔ́ːrpərət]

ⓗ ① 기업의 ② 법인의 corporation ⓜ 기업, 회사; 법인
They tried to change the corporate structure.
그들은 기업 구조를 바꾸려고 애썼다.

deposit
[dipázit]

ⓓ ① 퇴적[침전]시키다 ② 예금하다, 맡기다 ③ 놓다, 두다
ⓜ ① 예금액 ② 보증금 ③ 퇴적물
I paid a $500 deposit.
나는 500달러의 보증금을 지불했다.

famine
[fǽmin]

ⓜ 굶주림, 기아
Millions were killed by war, drought and famine.
수백만 명의 사람들은 전쟁, 가뭄, 기아로 사망했다.

ⓨ hunger 굶주림

prose
[prouz]

ⓜ 산문
He was criticized for his old-fashioned prose style.
그는 구식 산문 스타일로 비난을 받았다.

ⓑ verse 시, 운문

edible
[édəbl]

ⓗ 먹을 수 있는, 식용의
The leaves of the plant are edible.
그 식물의 잎은 먹을 수 있다.

ⓑ inedible
먹을 수 없는

duration
[djuəréiʃən]

ⓜ 지속 기간
The duration of the film is 90 minutes.
그 영화의 상영 시간은 90분이다.

bizarre
[bizáːr]

ⓗ ① 기괴한 ② 특이한
James shocked us with his bizarre behavior.
제임스는 특이한 행동으로 우리를 놀라게 했다.

ⓨ weird 기묘한

bait
[beit]

ⓜ 미끼, 먹이
They put some bait in the trap to catch the rats.
그들은 쥐를 잡기 위해 덫에 미끼를 좀 놓아두었다.

foundation
[faundéiʃən]

ⓜ ① 기초, 토대 ② 재단, 사업단 ③ 창설
We established a foundation to help patients.
우리는 환자들을 돕기 위한 재단을 설립했다.

ⓨ basis 기반, 기초

Exercise

A 주어진 단어의 뜻을 영어는 우리말로, 우리말은 영어로 쓰세요.

1 bait _____
2 duration _____
3 famine _____
4 corporate _____
5 geography _____

6 마차, 유모차, 객차 _____
7 성직자, (정부의) 부서 _____
8 추세, 경향, 유행 _____
9 친구, 동료, 동반자 _____
10 매우 무서운, 지독한 _____

B 알맞은 단어를 넣어 주어진 어구를 완성하세요.

1 a(n) _____ painting   추상화
2 _____ request   긴급 요청
3 a tax _____   세금 부담
4 _____ products   국내 제품
5 lay a(n) _____   기반을 닦다

6 a(n) _____ story   기괴한 이야기
7 _____ money in a bank   은행에 돈을 입금하다
8 verse and _____   운문과 산문
9 _____ mushrooms   식용 버섯
10 _____ surgery   성형 수술

C 알맞은 단어를 골라 문장을 완성하세요.

1 Ken was a (companion / carriage) in my childhood.   켄은 나의 어린 시절 친구였다.
2 The town is suffering from (famine / ministry).   그 마을은 기아에 시달리고 있다.
3 He examined the (trend / geography) of the Rocky Mountains. 그는 로키 산맥의 지형을 조사했다.
4 She stayed in Germany for the (burden / duration) of the vacation. 그녀는 휴가 기간 동안 독일에 머물렀다.
5 Wait silently until the fish takes the (bait / prose).   물고기가 미끼를 물 때까지 조용히 기다려라.

정답 p.120➡

A 주어진 단어와 알맞은 뜻을 찾아 연결하세요.

1	enforce	•	• 의례		
2	invaluable	•	• 실시하다		
3	administer	•	• 말도 안 되는		
4	ridiculous	•	• 매우 귀중한		
5	protocol	•	• 집행하다		

6	reputation	•	• 특권
7	ethic	•	• 기초, 재단
8	foundation	•	• 퇴적시키다
9	deposit	•	• 윤리, 도덕
10	privilege	•	• 명성, 평판

B 단어의 관계에 맞게 빈칸을 채우세요.

1 overall : entire = _____ : unnamed

2 regulate : _____ = exceed : excel

3 _____ : equip = remedy : cure

4 viewpoint : _____ = enterprise : firm

5 contradict : _____
　 = commit : commitment

6 abstract : _____ = domestic : foreign

7 edible : inedible = _____ : hospitable

8 automatic : _____ = sensible : sensibly

9 valid : invalid = relevant : _____

10 distinct : distinction
　 = _____ : controversy

C 알맞은 단어를 넣어 문장을 완성하세요.

1 Julia is _____ to Carlos.　　　　줄리아는 카를로스에게 무관심하다.

2 He is working on the project with _____.　　그는 열정적으로 프로젝트 작업을 하고 있다.

3 There is a(n) _____ smell in the basement.　지하실에서 독특한 냄새가 난다.

4 What are you _____ about?　　　무슨 딴 생각을 하고 있니?

5 We've had some _____ weather lately.　최근 날씨가 지독하게 안 좋았다.

정답 p.120➡

Vocabulary Plus

☐ **graduate from** ~을 졸업하다	I **graduated from** high school last year. 나는 작년에 고등학교를 졸업했다.	
☐ **suffer from** ~으로 고통 받다	My grandfather **suffers from** his back pain. 할아버지께서는 요통으로 고생하신다.	
☐ **result from** ~이 원인이다	The wildfire **resulted from** a cigarette butt. 산불은 담배꽁초가 원인이었다.	
☐ **result in** 결과적으로 ~이 되다, 야기하다	Bad eating habits can **result in** health problems. 나쁜 식습관은 건강 문제로 이어질 수 있다.	
☐ **give in** 제출하다	Stella **gave in** her report yesterday. 스텔라는 어제 보고서를 제출했다.	
☐ **turn in** 제출하다	I have to **turn in** my term paper by Monday. 나는 학기말 과제물을 월요일까지 제출해야 한다.	
☐ **turn into** ~로 변하다	The princess **turned into** a monster. 공주는 괴물로 변했다.	
☐ **go into** ~에 들어가다, ~을 시작하다	He wants to **go into** a new business. 그는 새로운 사업을 시작하고 싶어 한다.	
☐ **deal with** 다루다, 처리하다	He **dealt with** a lot of problems. 그는 많은 문제들을 처리했다.	
☐ **get along with** ~와 잘 지내다	Jane **gets along with** her friends at school. 제인은 학교에서 친구들과 잘 지낸다.	

✎ Check-up Test

1 Steve got a job right after he _____ _____ high school.
스티브는 고등학교를 졸업하자 바로 취직했다.

2 My uncle is _____ _____ a cold.
우리 삼촌은 감기로 고생하고 있다.

3 The snow _____ _____ rain as the temperature rose up.
기온이 올라가자 눈이 비로 변했다.

4 They are _____ _____ tough global issues.
그들은 어려운 국제 문제들을 다루고 있다.

5 Smoking can _____ _____ severe health problems.
흡연은 심각한 건강 문제들을 야기할 수 있다.

정답 p.120 ➡

Day 11
~
Day 15

Day 11

MP3 듣기 ▶

barrel [bǽrəl]
[명] ① 통 ② 배럴, 한 통의 양
The price of oil is 25 dollars a barrel.
유가는 배럴당 25달러이다.

emerge [imə́:rdʒ]
[동] ① 나타나다, 떠오르다 ② 알려지다
Several possible candidates have emerged.
몇몇 가능성 있는 후보자들이 나타났다.
[유] arise 일어나다

accuse [əkjú:z]
[동] ① 고소[고발]하다 ② 비난하다　accusation [명] 고발; 비난
He was accused of robbery.
그는 강도 혐의로 고발되었다.
[유] blame 비난하다

nuisance [njú:səns]
[명] 골칫거리, 성가신 사람[것]
She was a terrible nuisance.
그녀는 심한 골칫거리였다.

descend [disénd]
[동] ① 내려오다[가다] ② 전해지다
Please wait for the elevator to descend.
엘리베이터가 내려오기를 기다리세요.
[반] ascend 오르다

widespread [wáidspréd]
[형] 널리 퍼진, 광범위한
The news of his escape was widespread.
그의 탈출 소식이 널리 퍼졌다.
[유] extensive 광범위한

comparison [kəmpǽrisən]
[명] ① 비교 ② 비유　compare [동] 비교하다; 비유하다
Direct comparison between them is impossible.
그것들 사이의 직접적인 비교는 불가능하다.
[참] contrast 대조

reveal [riví:l]
[동] ① 밝히다, 드러내다 ② 보여주다
They revealed the plans for the new building.
그들은 새 건물의 도면을 드러냈다.
[반] conceal 숨기다

crucial [krú:ʃəl]
[형] ① 결정적인 ② 중대한
Henry played a crucial role in finding her.
헨리는 그녀를 찾는 데 결정적인 역할을 했다.
[유] significant 중요한

rod [rɑd]
[명] ① 막대기 ② 회초리, 매
Spare the rod and spoil the child.
매를 아끼면 아이를 버린다.
[유] pole 막대기

plaster
[plǽstər]

몡 ① 회반죽, 플라스터 ② 반창고 ③ 깁스
The plaster on the walls was cracked.
벽에 붙어 있는 회반죽이 금이 갔다.

blink
[bliŋk]

통 (눈 · 불빛 등이) 깜빡이다 몡 깜빡임
Neon signs were blinking outside.
밖에 네온사인이 깜빡이고 있었다.

era
[í(ː)ərə]

몡 시대, 시절
Her retirement marked the end of an era.
그녀의 은퇴는 한 시대의 종식을 보여 주었다.

유 epoch
(역사적인) 시대

injure
[índʒər]

통 ① 부상을 입히다 ② (감정 · 명성 등을) 해치다
injury 몡 부상
No one was seriously injured.
아무도 심각하게 부상을 입지 않았다.

유 wound
상처를 입히다

legacy
[légəsi]

몡 유산, 유물
Her grandmother left her a small legacy.
할머니는 그녀에게 작은 유산을 남겨 주었다.

유 heritage 유산

nurture
[nə́ːrtʃər]

통 ① 키우다, 양육하다 ② 교육하다
I wanted to stay at home and nurture my children.
나는 집에 머물며 아이들을 키우길 원했다.

유 foster 양육하다

premature
[prìːmətʃúər]

형 ① 너무 이른, 시기상조의 ② 조산의
Their criticisms seem premature.
그들의 비판은 시기상조 같다.

유 untimely
시기상조의

snore
[snɔːr]

통 코를 골다 몡 코 고는 소리
Sometimes my father snores so loudly.
때때로 아버지는 너무 크게 코를 고신다.

humanity
[hju(ː)mǽnəti]

몡 ① 인류 ② 인간성 ③ 인간애   humane 형 인도적인
This is a pretty dark side of humanity.
이것은 인간성의 꽤나 어두운 면이다.

enlarge
[inláːrdʒ]

통 확대하다, 확장하다
Reading is a good way to enlarge your vocabulary.
독서는 어휘력을 확장시키는 좋은 방법이다.

유 expand
확대하다

Exercise

A 주어진 단어의 뜻을 영어는 우리말로, 우리말은 영어로 쓰세요.

1 snore _____
2 legacy _____
3 comparison _____
4 nuisance _____
5 barrel _____

6 나타나다, 떠오르다 _____
7 내려오다, 전해지다 _____
8 막대기, 회초리, 매 _____
9 회반죽, 깁스 _____
10 인류, 인간애 _____

B 알맞은 단어를 넣어 주어진 어구를 완성하세요.

1 be _____ of theft   절도 혐의로 고소당하다
2 _____ one's health   건강을 해치다
3 _____ support   광범위한 지지
4 _____ a secret   비밀을 폭로하다
5 a(n) _____ decision   중대한 결정

6 _____ a photo   사진을 확대하다
7 the Elizabethan _____   엘리자베스 여왕 시대
8 in the _____ of an eye   눈 깜빡할 사이에
9 _____ science   과학을 육성하다
10 a(n) _____ birth   조산(早産)

C 알맞은 단어를 골라 문장을 완성하세요.

1 The sun (emerged / descended) from the horizon.   해가 수평선으로부터 나타났다.
2 Her arm is in (nuisance / plaster).   그녀는 팔에 깁스를 하고 있다.
3 The scientific discovery will benefit all (era / humanity).   그 과학적인 발견은 인류 전체에 이익이 될 것이다.
4 (Snoring / Nurturing) can prevent a sound sleep.   코골이는 숙면을 방해할 수 있다.
5 She left her son a (rod / legacy) of a billion dollars.   그녀는 아들에게 10억 달러의 유산을 남겼다.

Day 12

MP3 듣기 ▶

grease [griːs]

[명] ① (녹은) 기름, 지방 ② 윤활유 [동] 기름칠하다

The chef **greased** the pan before cooking.

요리사는 요리 전에 팬에 기름칠을 했다.

---

bond [bɑnd]

[명] ① 유대 ② 채권 ③ 속박 [동] 접합하다

We will try to strengthen our **bonds**.

우리는 유대 관계를 강화하려고 할 것이다.

[유] tie 유대 관계

---

dare [dɛər]

[동] ① 감히 ~하다 ② 남에게 ~하라고 부추기다

They didn't **dare** to complain.

그들은 감히 불평하지 않았다.

---

outcome [áutkʌ̀m]

[명] 결과, 성과

He is still awaiting the final **outcome**.

그는 아직도 최종 결과를 기다리고 있다.

[유] consequence 결과

---

forbid [fərbíd]

[동] 금지하다 (forbid - forbade - forbidden)

[형] forbidden 금지된

You are **forbidden** from leaving the country.

당신은 출국 금지이다.

[유] prohibit 금지하다

---

apparent [əpǽrənt]

[형] ① 명백한 ② 외관상의, 표면상의

What is the **apparent** cause of the accident?

그 사고의 명백한 이유는 무엇인가?

[반] obscure 불분명한

---

conduct [kɑ́ndʌ̀kt]

[동] ① 행동하다 ② 수행하다 ③ 인도하다 [명] 행위, 처신

The interview was **conducted** by telephone.

인터뷰는 전화로 이뤄졌다.

[유] carry out 수행하다

---

revenge [rivéndʒ]

[명] 복수, 앙갚음 [동] 복수하다

They are seeking **revenge** for their defeat.

그들은 패배에 대해 복수를 노리고 있다.

[유] vengeance 복수

---

curriculum [kəríkjələm]

[명] 교육 과정, 커리큘럼 [복] curricula, curriculums

Spanish is no longer in the **curriculum**.

스페인어는 더 이상 교육 과정에 없다.

---

rot [rɑt]

[동] 썩다, 부패하다 [명] 부패

The apples were left to **rot**.

사과들을 썩게 내버려두었다.

[유] decay 썩다

straightforward
[strèitfɔ́:rwərd]

ⓗ ① 곧장 나아가는 ② 간단한 ③ 솔직한
The teacher was very straightforward with his students.
선생님은 학생들에게 아주 솔직했다.

ⓤ candid 솔직한

brisk
[brisk]

ⓗ ① 활발한, 기운찬 ② (바람 등이) 상쾌한 ③ 빠른, 분주한
The girl answered the phone in a brisk voice.
소녀는 활발한 목소리로 전화를 받았다.

ⓤ lively 활기 넘치는

equality
[ikwáləti]

ⓜ 평등, 동등   equal ⓗ 평등한
The organization has been trying to achieve basic equality for women.
그 기관은 기본적인 여성 평등을 이루려고 노력해 왔다.

herd
[hə:rd]

ⓜ 무리, 집단, 군중
He kept a herd of cattle on a ranch.
그는 목장에서 한 무리의 소를 키웠다.

ⓤ flock 떼, 무리

flatter
[flǽtər]

ⓓ ① 아첨하다 ② 돋보이게 하다
I knew you were only flattering me.
나는 당신이 아첨하고 있을 뿐이라는 걸 알았다.

lease
[li:s]

ⓜ 임대차 계약 ⓓ ① 임대하다 ② 빌려주다
The apartment is leased to a couple.
그 아파트는 한 커플에게 빌려 준 상태이다.

ⓤ rent 빌리다

obligation
[àbləgéiʃən]

ⓜ (법적·윤리적) 의무
He felt a certain obligation towards her.
그는 그녀에게 어떤 의무를 느꼈다.

ⓤ responsibility
의무, 책임

prevail
[privéil]

ⓓ ① 우세하다, 지배적이다 ② 능가하다 ③ 성공하다
The law still prevails in some states.
그 법은 몇몇 주에서 아직 지배적이다.

sin
[sin]

ⓜ (종교적) 죄악 ⓓ 죄를 짓다
The man had committed a sin and confessed it.
남자는 죄를 지었고 그것을 고백했다.

ⓤ crime 범죄

sob
[sɑb]

ⓓ ① 흐느끼며 울다 ② 흐느끼며 말하다
We could hear him sobbing.
우리는 그가 흐느끼며 우는 것을 들을 수 있었다.

ⓤ weep
눈물을 흘리다

Exercise

A 주어진 단어의 뜻을 영어는 우리말로, 우리말은 영어로 쓰세요.

1 sob _____

2 rot _____

3 curriculum _____

4 flatter _____

5 forbid _____

6 우세하다, 능가하다 _____

7 곧장 나아가는 _____

8 복수, 복수하다 _____

9 유대, 채권, 속박 _____

10 감히 ~하다 _____

B 알맞은 단어를 넣어 주어진 어구를 완성하세요.

1 clean the _____ 기름을 닦다

2 the _____ of the game 경기 결과

3 commit a terrible _____ 끔찍한 죄를 저지르다

4 _____ research 연구를 하다

5 for no _____ reason 명백한 이유 없이

6 sign a(n) _____ 임대 계약에 서명하다

7 struggles for _____ 평등을 향한 투쟁

8 _____ economic growth 활발한 경제 성장

9 a(n) _____ of deer 한 무리의 사슴

10 a sense of _____ 의무감

C 알맞은 단어를 골라 문장을 완성하세요.

1 The museum (forbids / dares) flash photography. 박물관에서 플래시 사진은 금지된다.

2 This portrait (bonds / flatters) him. 이 초상화는 그를 실물보다 멋지게 그렸다.

3 She (revenged / sobbed) herself on him. 그녀는 그에게 복수했다.

4 Eating too much sugar can (prevail / rot) your teeth. 설탕을 너무 많이 먹으면 치아가 썩는다.

5 Justice will (prevail / forbid) in the end. 정의는 결국 승리한다.

정답 p.121➡

Day 13

MP3 듣기 ▶

holy
[hóuli]

ⓗ 신성한, 거룩한
He was regarded as a holy man.
그는 신성한 사람으로 여겨졌다.

ⓤ divine 신성한

---

chamber
[tʃéimbər]

ⓝ ① 방 ② 회의장
Meetings are held in the council chamber.
미팅은 의회 회의장에서 열린다.

---

perspective
[pərspéktiv]

ⓝ ① 견해, 관점 ② 전망, 가망 ③ 원근법
The movie deals with a woman's perspective.
그 영화는 여성의 관점을 다루고 있다.

---

genuine
[dʒénjuin]

ⓗ ① 진짜의 ② 진실된   genuinely ⓑ 진실되게
It was a genuine 19th century chair.
그것은 진짜로 19세기 의자였다.

ⓤ authentic
진짜의

---

infrastructure
[ínfrəstrʌktʃər]

ⓝ ① 기반 시설 ② 사회 간접 자본
The country's infrastructure is the best in the world.
그 나라의 사회 간접 자본은 세계에서 최고이다.

---

excess
[iksés]

ⓝ ① 초과, 과잉 ② 지나침, 무절제 ③ 초과량, 차액
The store has an excess of stock.
상점은 재고 과잉의 상태이다.

---

soothe
[su:ð]

ⓓ ① 완화하다, 덜다 ② 안심시키다
The medicine can soothe the pain.
약이 통증을 덜어줄 수 있다.

ⓤ relieve
완화시키다

---

conference
[kánfərəns]

ⓝ 회의, 회담   confer ⓓ 회의하다; 수여하다
He is attending a conference this coming Friday.
그는 돌아오는 이번 금요일에 회의에 참석할 것이다.

---

primitive
[prímitiv]

ⓗ ① 원시의, 미개한 ② 원래의, 근본의
It is a remote and primitive cottage.
그곳은 외딴 곳에 있는 원시적인 시골집이다.

---

curse
[kə:rs]

ⓝ ① 저주 ② 욕설 ⓓ ① 저주하다 ② 욕하다, 악담하다
Someone put a curse on the house.
누군가 그 집에 저주를 했다.

52

rob
[rɑb]

동 빼앗다, 강탈하다　**robbery** 명 강도(질)
Danny was robbed of his watch.
대니는 그의 시계를 빼앗겼다.

scenario
[sinǽriòu]

명 ① (영화 · 연극 등의) 대본, 시나리오　② (사건의) 예상된 전개
She thought of all the possible scenarios.
그녀는 모든 가능한 시나리오를 생각했다.

applaud
[əplɔ́:d]

동 ① 박수를 보내다　② 칭찬하다
We applaud them for their act of bravery.
우리는 그들의 용기 있는 행동에 박수를 보낸다.

bureau
[bjú(:)ərou]

명 ① (정부의) 국, 부　② 안내소, 접수처　③ (신문사 등의) 지국
His uncle works for the Federal Bureau of Investigation.
그의 삼촌은 FBI(연방수사국)에서 일한다.

enroll
[inróul]

동 ① (사람을) 명단에 기재하다　② 입학하다, 입대하다
enrollment 명 등록, 기재
The man enrolled twelve volunteers for the research.
그 남자는 연구를 위해 12명의 지원자를 등록했다.

유 register
등록하다

hazard
[hǽzərd]

명 위험　동 과감하게 ~을 해보다
hazardous 형 위험한, 해로운
Have you reported this hazard to your boss?
당신의 상사에게 이 위험을 보고했나요?

유 danger 위험

leak
[li:k]

동 ① (액체 · 기체 등이) 새다　② (비밀 등을) 누설하다
명 ① 새는 구멍　② 누출　③ 누설
Gas is leaking from that pipe.
저 파이프에서 가스가 새고 있다.

odor
[óudər]

명 냄새, 악취
This cheese has a strong odor.
이 치즈는 강한 악취가 난다.

significant
[signífikənt]

형 ① 중요한　② 의미심장한　③ 상당한
significance 명 의미, 중요성
She earned a significant amount of money.
그녀는 상당한 양의 돈을 벌었다.

slang
[slæŋ]

명 ① 속어　② 은어
Sometimes my elder brother uses slang on purpose.
때때로 우리 오빠는 일부러 속어를 사용한다.

Exercise

A 주어진 단어의 뜻을 영어는 우리말로, 우리말은 영어로 쓰세요.

1 slang _____   6 신성한, 거룩한 _____
2 odor _____   7 방, 회의장 _____
3 applaud _____   8 빼앗다, 강탈하다 _____
4 conference _____   9 (정부의) 국, 부 _____
5 infrastructure _____   10 위험, 과감하게 ~을 해보다 _____

B 알맞은 단어를 넣어 주어진 어구를 완성하세요.

1 a(n) _____ figure   중요한 인물   6 _____ societies   원시 사회
2 sweep away the _____   저주를 쓸어내리다   7 a(n) _____ in the roof   지붕에 새는 구멍
3 write a(n) _____   대본을 쓰다   8 a(n) _____ of sodium   나트륨 과다
4 _____ in the army   군에 입대하다   9 a(n) _____ person   진실한 사람
5 _____ muscle pain   근육통을 완화하다   10 from a new _____   새로운 관점에서

C 알맞은 단어를 골라 문장을 완성하세요.

1 A lot of money is needed to repair (chamber / infrastructure).   사회 간접 자본 수리에 많은 돈이 필요하다.
2 The international (conference / bureau) is held annually.   그 국제회의는 일 년에 한 번 개최된다.
3 Mr. Park was (cursed / robbed) of his money.   박 씨는 그의 돈을 강도당했다.
4 This mark informs us of the level of (hazard / odor).   이 표시는 우리에게 위험의 정도를 알려준다.
5 The audience (applauded / enrolled) her performance.   청중은 그녀의 공연에 박수를 보냈다.

정답 p.121

54

Day 14

MP3 듣기 ▶

---

identical
[aidéntikəl]

⟨형⟩ 똑같은, 동일한　**identically** ⟨부⟩ 똑같이
All the plants were grown under identical conditions.
모든 식물들이 동일한 조건 하에서 재배되었다.

⟨유⟩ same 똑같은

---

occupy
[ákjəpài]

⟨동⟩ ① 차지하다, 점유하다 ② 거주하다
occupation ⟨명⟩ 직업; 점유
Several seats on the bus were occupied.
버스의 몇 개 좌석에 사람들이 앉았다.

---

budget
[bʌ́dʒit]

⟨명⟩ 예산 ⟨동⟩ 예산을 짜다
There will be no increase in the education budget.
교육 예산에 증액은 없을 것이다.

---

impose
[impóuz]

⟨동⟩ ① (세금·의무·형벌 등을) 부과하다 ② 강요하다
High taxes have been imposed on cigarettes.
높은 세금이 담배에 부과되었다.

---

logic
[ládʒik]

⟨명⟩ ① 논리 ② 논리학　**logical** ⟨형⟩ 논리적인
There's no logic in what he says.
그가 말하는 것에는 논리가 없다.

---

weave
[wi:v]

⟨동⟩ ① (실로) 짜다, 엮다 ② (이야기 등을) 만들다
(weave - wove - woven)
The old ladies spent some time weaving.
노부인들은 옷감을 짜면서 시간을 좀 보냈다.

---

inspect
[inspékt]

⟨동⟩ ① 조사하다, 점검하다 ② 검사하다, 시찰하다
inspection ⟨명⟩ 조사; 검사
Engineers will inspect the machine carefully.
기술자들이 그 기계를 주의 깊게 점검할 것이다.

⟨유⟩ examine
　　 조사하다

---

orbit
[ɔ́ːrbit]

⟨명⟩ ① (공전) 궤도 ② 세력권 ⟨동⟩ 궤도를 돌다
The satellites orbit at different heights.
인공위성들은 다른 높이에서 궤도를 돈다.

⟨유⟩ revolve
　　 회전하다

---

confess
[kənfés]

⟨동⟩ ① 고백하다, 자백하다 ② 인정하다
confession ⟨명⟩ 고백, 자백
Eventually he confessed to the police.
결국 그는 경찰에 자백했다.

⟨유⟩ admit 시인하다

---

superb
[su(:)pə́ːrb]

⟨형⟩ 훌륭한, 최고의
The resort offers superb views of the ocean.
그 리조트는 훌륭한 바다 전망을 제공한다.

⟨유⟩ supreme
　　 최고의

---

equate
[ikwéit]

동 ① 동일시하다 ② ~와 일치하다
We shouldn't equate those two things.
우리는 저 두 가지를 동일시해서는 안 된다.

specify
[spésəfài]

동 ① 명기하다 ② 구체화하다
You must specify the date when you were born.
당신은 태어난 날짜를 명기해야 한다.

publication
[pÀbləkéiʃən]

명 ① 출판, 발행 ② 출판물   publish 동 출판하다
She became famous after the publication of her novel.
그녀는 자신의 소설이 출판된 후 유명해졌다.

참 distribution
배급, 배포

habitual
[həbítʃuəl]

형 ① 습관적인 ② 상습적인   habitually 부 습관적으로
The lawyer was a habitual smoker.
그 변호사는 상습적인 흡연자였다.

endure
[indʒúər]

동 ① 참다, 견디다 ② 지속하다   endurable 형 참을 수 있는
He had to endure an eight-hour delay.
그는 8시간의 지연을 견뎌야 했다.

유 bear 참다

splendid
[spléndid]

형 ① 화려한 ② 훌륭한 ③ 멋진   splendor 명 화려함; 탁월함
They had a splendid holiday.
그들은 멋진 휴가를 보냈다.

imprison
[imprízən]

동 투옥하다, 구속하다   imprisonment 명 투옥, 구금
The politician was arrested and imprisoned.
그 정치가는 체포되어 구속되었다.

유 confine 가두다

refuge
[réfjuːdʒ]

명 ① 피난, 보호 ② 피난처, 도피처   refugee 명 피난자, 난민
These people are seeking refuge from the storm.
이 사람들은 폭풍으로부터 피난처를 찾고 있다.

sparkle
[spáːrkl]

동 ① 불꽃이 튀기다 ② 반짝거리다 ③ 활기를 띠다
명 ① 광채 ② 생기
His eyes sparkled with pride.
그의 눈은 자신감으로 반짝거렸다.

harsh
[hɑːrʃ]

형 ① 가혹한 ② 거친 ③ 강경한
They have to face the harsh realities of this situation.
그들은 이런 상황의 가혹한 현실에 직면해야 한다.

유 severe
엄한, 가혹한

Exercise

A 주어진 단어의 뜻을 영어는 우리말로, 우리말은 영어로 쓰세요.

1	superb _____	6	조사하다, 시찰하다 _____
2	imprison _____	7	화려한, 훌륭한 _____
3	publication _____	8	동일시하다 _____
4	specify _____	9	궤도, 세력권 _____
5	logic _____	10	차지하다, 점유하다 _____

B 알맞은 단어를 넣어 주어진 어구를 완성하세요.

1	_____ twins	일란성 쌍둥이	6	a(n) _____ environment	가혹한 환경
2	_____ a tax on liquor	술에 세금을 부과하다	7	the _____ in one's eyes	눈빛의 생기
3	_____ a tale	이야기를 엮다	8	find a(n) _____	피난처를 발견하다
4	_____ one's sins	죄를 고백하다	9	_____ hardship	고난을 견디다
5	a(n) _____ liar	상습적인 거짓말쟁이	10	on a tight _____	예산이 여유 없는

C 알맞은 단어를 골라 문장을 완성하세요.

1	The satellite was put into (orbit / logic).	인공위성이 궤도에 놓였다.
2	He was (imposed / imprisoned) for murder.	그는 살인으로 투옥되었다.
3	We had to (inspect / specify) all the items.	우리는 모든 항목을 점검해야 했다.
4	The enemy troops (sparkled / occupied) the whole city.	적군이 도시 전체를 점령했다.
5	Material wealth doesn't (equate / endure) to happiness.	물질적 풍요가 행복과 일치하지는 않는다.

정답 p.121 ➡

Day 15

MP3 듣기 ▶

justice
[dʒʌ́stis]

® ① 정의 ② 사법 ③ 재판
He saw no justice in the court's decision.
그는 법원의 판결에서 정의를 보지 못했다.

® injustice
부정, 불법

---

accommodate
[əkámədèit]

⑧ ① 수용하다 ② 적응시키다 ③ (숙박처를) 제공하다
accommodation ® 숙박시설; 편의; 적응
The hotel can accommodate 200 guests.
그 호텔은 200명의 손님을 수용할 수 있다.

---

liberal
[líbərəl]

® ① 진보적인 ② 자유주의의 ③ 후하게 베푸는 ® 진보주의자
His writings are based on liberal thinking.
그의 글들은 진보적인 사고에 바탕을 둔다.

⑨ progressive
진보적인

---

circumstance
[sɔ́:rkəmstæns]

® 상황, 환경, 사정
The circumstances of this case are unusual.
이 사건의 상황은 특이하다.

⑨ condition
상황, 환경

---

shallow
[ʃǽlou]

® ① 얕은 ② 얄팍한, 피상적인
They moved to the shallow part of the pool.
그들은 수영장의 얕은 쪽으로 이동했다.

⑨ superficial
깊이 없는

---

analogy
[ənǽlədʒi]

® ① 유사 ② 비유 ③ 유추   **analogous** ® 유사한
However, I do agree with this analogy.
그러나 나는 이 비유에 정말로 동의한다.

⑨ similarity
유사점

---

relief
[rilí:f]

® ① 안도 ② 구원, 구조 ③ 완화   **relieved** ® 안도하는
She felt such a sense of relief.
그녀는 꽤나 안도감이 들었다.

---

supernatural
[sù:pərnǽtʃərəl]

® 초자연의, 불가사의한
The man is said to have supernatural powers.
그 남자는 초자연적인 힘이 있다고 한다.

⑨ paranormal
초자연의

---

confidence
[kánfədəns]

® ① 자신감, 확신 ② 신용, 신뢰 ③ 비밀
confident ® 자신 있는, 확신하는
She should have more confidence in her abilities.
그녀는 자신의 능력에 더 자신감을 가져야 한다.

---

stable
[stéibl]

® ① 안정된 ② 지속적인 ® 마구간   **stability** ® 안정; 안전
The doctor said he was in a stable condition.
의사는 그가 안정된 상태라고 말했다.

® unstable
불안정한

---

executive
[igzékjətiv]

몡 ① 행정부, 집행부 ② 경영진 혱 ① 경영의 ② 행정부의
This will be decided by the company's top executives.
이것은 회사 최고 경영진에 의해 결정될 것이다.

---

spite
[spait]

몡 ① 원한 ② 악의, 심술
The candidate was motivated by political spite.
후보자는 정치적인 원한에 의해 자극을 받았다.

㈜ malice 악의

---

approve
[əprúːv]

동 ① 승인하다, 허가하다 ② ~을 좋다고 인정하다
approval 몡 승인; 인정
She doesn't approve of children wearing make-up.
그녀는 아이들이 화장을 하는 것을 허가하지 않는다.

---

celebrity
[səlébrəti]

몡 유명인사, 연예인
There were so many celebrities at the party.
파티에 너무나 많은 유명인사들이 있었다.

---

emit
[imít]

동 ① (빛·에너지 등을) 방출하다 ② (소리를) 내다
emission 몡 방출; 배출
The chimney emitted thick black smoke.
굴뚝은 자욱하고 시커먼 연기를 방출했다.

㈜ radiate 내뿜다

---

handy
[hǽndi]

혱 ① 유용한, 편리한 ② 가까이에 있는 ③ 손재주가 있는
The book is handy for quick reference.
그 책은 급하게 찾아볼 때 편리하다.

---

irritate
[íritèit]

동 ① 짜증나게 하다 ② (피부에) 염증을 일으키다
His arrogance really irritates many people.
그의 오만함은 정말로 많은 사람들을 짜증나게 한다.

㈜ annoy
짜증나게 하다

---

outbreak
[áutbrèik]

몡 ① (전쟁·질병 등의) 발발 ② (감정 등의) 폭발
They are afraid of the outbreak of war.
그들은 전쟁의 발발을 두려워한다.

---

regardless
[rigáːrdlis]

부 ~에 상관없이 (of ~)
This job is open to all regardless of experience.
이 일은 경력에 상관없이 모두에게 열려 있다.

---

speculate
[spékjəlèit]

동 ① 추측하다 ② 심사숙고하다 ③ 투기하다
speculation 몡 추측; 투기
The detective speculates that this is deliberate.
탐정은 이것이 고의적이라고 추측한다.

㈜ conjecture
추측하다

A 주어진 단어의 뜻을 영어는 우리말로, 우리말은 영어로 쓰세요.

1 regardless   _____
2 celebrity   _____
3 analogy   _____
4 shallow   _____
5 stable   _____

6 추측하다, 투기하다   _____
7 승인하다, 인정하다   _____
8 짜증나게 하다   _____
9 진보적인, 자유주의의   _____
10 수용하다, 적응시키다   _____

B 알맞은 단어를 넣어 주어진 어구를 완성하세요.

1 the _____ system   사법 체계
2 a special _____   특별한 상황
3 _____ phenomenon   초자연적인 현상
4 breathe a sigh of _____   안도의 한숨을 쉬다
5 be full of _____   자신감으로 가득 찬

6 an act of _____   악의적 행동
7 a(n) _____ position   경영직
8 a(n) _____ tool   편리한 도구
9 _____ oxygen   산소를 내뿜다
10 a(n) _____ of cholera   콜레라의 발발

C 알맞은 단어를 골라 문장을 완성하세요.

1 Our group walked across the (liberal / shallow) river.   우리 그룹은 걸어서 얕은 강을 건넜다.
2 The council has (approved / speculated) a new plan.   의회는 새 계획을 허가했다.
3 This cream can (stable / irritate) sensitive skin.   이 크림은 민감한 피부를 자극할 수 있다.
4 The hotel can (accommodate / emit) about 300 people.   그 호텔은 약 300명의 사람을 수용할 수 있다.
5 He drew a(n) (relief / analogy) between reading and eating.   그는 독서를 음식 먹기에 비유했다.

정답 p.121 ➡

Review test

A 주어진 단어와 알맞은 뜻을 찾아 연결하세요.

1 premature • • 확대하다
2 conduct • • 임대하다
3 perspective • • 견해, 관점
4 lease • • 수행하다
5 enlarge • • 너무 이른

6 soothe • • 완화하다
7 impose • • 습관적인
8 habitual • • 상황, 환경
9 emit • • 방출하다
10 circumstance • • 부과하다

B 단어의 관계에 맞게 빈칸을 채우세요.

1 accuse : blame = _____ : foster
2 outcome : _____ = spite : malice
3 _____ : authentic = identical : same
4 crucial : significant = _____ : candid
5 _____ : conceal = ascend : descend

6 apparent : _____ = stable : unstable
7 equality : equal = hazard : _____
8 rob : _____ = confer : conference
9 _____ : endurable = forbid : forbidden
10 enroll : enrollment = inspect : _____

C 알맞은 단어를 골라 문장을 완성하세요.

1 Today is cold in _____ with yesterday.   오늘은 어제에 비해 춥다.
2 The child started to _____ suddenly.   그 아이는 갑자기 흐느끼며 울기 시작했다.
3 She gave us a(n) _____ smile.   그녀는 우리에게 의미심장한 웃음을 보였다.
4 _____ the color and size when you order.   주문할 때 색상과 치수를 명확히 말해주세요.
5 The singer has lived a life of a(n) _____.   그 가수는 유명인의 삶을 살았다.

정답 p.121➡

Vocabulary Plus

☐ **get rid of** ~을 제거하다	She **got rid of** her old clothes. 그녀는 자신의 오래된 옷들을 버렸다.	
☐ **run out of** 다 떨어지다, 다 써버리다	They **ran out of** money. 그들은 돈이 다 떨어졌다.	
☐ **give off** 내뿜다, 발산하다	The rotten milk is **giving off** a strange smell. 썩은 우유에서 이상한 냄새가 나고 있다.	
☐ **make it** (장소 · 목표에) 다다르다	Finally they all **made it** to the top of the mountain. 마침내 그들 모두 산 정상에 도착했다.	
☐ **make out** 이해하다, 성공하다	I can't **make out** what you are saying. 나는 당신이 하는 말을 이해할 수가 없다.	
☐ **live on** ~을 먹고 살다	Lucy **lives on** vegetables only. 루시는 채소만 먹고 산다.	
☐ **log on** 접속하다	Many people **log on** to our company's website. 많은 사람들이 우리 회사 웹 사이트에 접속한다.	
☐ **give out** 나눠주다, 발산하다	The man **gave out** pamphlets at the entrance. 그 남자는 입구에서 안내 책자를 나눠주었다.	
☐ **hold out** ~을 내밀다	Frank **held out** his hands. 프랭크는 양손을 내밀었다.	
☐ **pay for** ~의 값을 치르다	How much did you **pay for** your camera? 카메라를 얼마 주고 샀니?	

Check-up Test

1 Ella will _____ _____ two concert tickets.

엘라는 콘서트 표 두 장의 값을 지불할 것이다.

2 Lily had to _____ _____ _____ her computer.

릴리는 자신의 컴퓨터를 처분해야 했다.

3 We are _____ _____ _____ gas.

기름이 다 떨어져 간다.

4 At last, the marathoner _____ _____ to the finish line.

마침내 그 마라톤 선수는 결승선에 도착했다.

5 I can't _____ _____ what is written in this letter.

나는 이 편지에 적힌 내용을 이해할 수 없다.

정답 p.122 ➡

Chapter 04

Day 16
~
Day 20

neglect [niglékt]	동 ① 무시하다 ② 소홀히 하다 명 ① 무시 ② 태만 The man often neglects his health. 그 남자는 자주 자신의 건강을 소홀히 한다.	유 disregard 무시하다
temper [témpər]	명 ① 기질, 성격 ② 화, 분노 동 완화시키다 Tim has not yet learned how to control his temper. 팀은 자신의 화를 조절하는 법을 아직 배우지 못했다.	유 disposition 기질, 성향
mere [miər]	형 ① 단순한 ② 단지 ~에 불과한 merely 부 그저, 단순히 What she said was a mere opinion. 그녀가 한 말은 단지 의견일 뿐이었다.	
affair [əfέər]	명 ① 문제, 일 ② 사건 ③ 행사 I don't know much about your private affairs. 나는 당신의 사적인 문제들을 잘 모른다.	
vital [váitəl]	형 ① 중요한, 필수적인 ② 생명에 필요한 ③ 활기 있는 vitality 명 활력, 생명력 Exercise keeps you young and vital. 운동은 당신을 젊고 활기 있게 해 준다.	반 unnecessary 불필요한
collapse [kəlǽps]	동 ① 붕괴하다, 무너지다 ② 망하다 명 ① 붕괴 ② 실패 The civilization collapsed for many reasons. 그 문명은 여러 가지 이유 때문에 무너졌다.	
somewhat [sʌ́mwʌ̀t]	부 다소, 약간 The situation has improved somewhat. 상황이 약간 개선되었다.	
criticize [krítisàiz]	동 ① 비난하다 ② 비판[비평]하다 critical 형 비판적인, 평론의 Her boss criticized her for her work habits. 그녀의 상사는 그녀의 일하는 습관을 비난했다.	유 condemn 비난하다
stain [stein]	명 ① 얼룩, 오염 ② 오점 동 얼룩을 남기다, 더럽히다 His coat had become stained with oil. 그의 코트는 기름으로 얼룩졌다.	유 spot 얼룩
split [split]	동 ① 쪼개다 ② 나누다 ③ 분열시키다 (split-split-split) He split the bread and gave me half. 그가 빵을 쪼개서 절반을 내게 주었다.	유 separate 분리하다

existence
[igzístəns]

몡 ① 존재, 실재 ② 생활, 생계   **existent** 혱 존재하는
Some of them began to doubt the existence of God.
그들 중 일부는 신의 존재에 대해 의심을 품기 시작했다.

contribute
[kəntríbju:t]

동 ① 기부하다 ② 기여하다 ③ (저작물 등을) 기고하다
contribution 몡 기부; 공헌; 기고
Jake did not contribute to the project.
제이크는 그 프로젝트에 기여하지 않았다.

유 donate 기부하다

chronic
[kránik]

혱 ① 만성의 ② 자주 발생하는   **chronically** 凰 만성적으로
They suffer from a chronic shortage of food.
그들은 만성적인 식량 부족으로 고통 받는다.

반 acute 급성의

grieve
[gri:v]

동 ① 슬퍼하다 ② 애도하다   **grief** 몡 슬픔
He was grieving the death of his grandmother.
그는 자신의 할머니의 죽음을 슬퍼하고 있었다.

유 mourn 슬퍼하다

elaborate
[ilǽbərət]

혱 정교한, 공들인 동 ① 공들여 만들다 ② 자세히 설명하다
We made elaborate preparations for our wedding.
우리는 공들여서 결혼식 준비를 했다.

유 sophisticated
정교한

invade
[invéid]

동 ① (국가를) 침략하다 ② (권리 등을) 침해하다
invasion 몡 침략; 침해
The island was invaded during the war.
전쟁 동안 그 섬은 침략을 받았다.

유 intrude 침범하다

outdated
[àutdéitd]

혱 시대에 뒤떨어진, 구식의
This computer program is outdated.
이 컴퓨터 프로그램은 구식이다.

유 old-fashioned
구식의

stimulate
[stímjəlèit]

동 ① 자극하다 ② 고무시키다   **stimulation** 몡 자극; 고무; 흥분
He sometimes tends to stimulate my nerves.
그는 때때로 나의 신경을 자극하는 경향이 있다.

innate
[inéit]

혱 타고난, 선천적인
The young singer has an innate sense of rhythm.
그 젊은 가수는 타고난 리듬 감각이 있다.

반 acquired
후천적인

territory
[téritɔ̀:ri]

몡 ① 지역, 영토 ② 영역, 분야
territorial 혱 영토의; 텃세를 부리는
Those mountains belong to the Chinese territory.
저 산들은 중국 영토에 속한다.

유 region 지방, 지역

A 주어진 단어의 뜻을 영어는 우리말로, 우리말은 영어로 쓰세요.

1 stimulate _____
2 grieve _____
3 existence _____
4 criticize _____
5 somewhat _____

6 단지 ~에 불과한 _____
7 중요한, 활기 있는 _____
8 기부하다, 기고하다 _____
9 정교한, 공들인 _____
10 침략하다, 침해하다 _____

B 알맞은 단어를 넣어 주어진 어구를 완성하세요.

1 have a short _____ 화를 쉽게 내다
2 the whole _____ 사건 전체
3 a(n) _____ on one's life 인생에 생긴 오점
4 _____ the team 팀을 나누다
5 a(n) _____ disease 만성 질환

6 _____ laws 시대에 뒤떨어진 법
7 a(n) _____ talent 타고난 재능
8 mark one's _____ (동물이) 영역을 표시하다
9 the _____ of the bridge 교량의 붕괴
10 _____ of duty 근무 태만

C 알맞은 단어를 골라 문장을 완성하세요.

1 Jack (contributed / stimulated) a lot of money to a charity. 잭은 자선 단체에 많은 돈을 기부했다.
2 Mathematics is a(n) (innate / vital) part of the school curriculum. 수학은 학교 교육 과정의 필수 부분이다.
3 You need to further (elaborate / split) your essay. 너는 네가 쓴 에세이에 더 살을 붙여야 한다.
4 The Japanese (neglected / invaded) my country in 1592. 일본인들은 1592년에 우리나라를 침략했다.
5 Their main job is to (criticize / stain) movies. 그들의 주된 일은 영화를 비평하는 것이다.

정답 p.122 ➡

Day 17

bulk
[bʌlk]

몡 ① 크기, 용적 ② 대량 ③ 대부분　**bulky** 혱 부피가 큰
She bought paper and pens in bulk.
그녀는 종이와 펜을 대량으로 샀다.

---

ethnic
[éθnik]

혱 인종의, 민족의
This country has a variety of ethnic groups.
이 나라는 다양한 인종 집단이 있다.

유 racial 인종의

---

burst
[bəːrst]

동 ① 파열하다 ② 터뜨리다 (burst - burst - burst)
몡 ① 파열, 폭발 ② 돌발, 격발
He burst the little boy's balloon.
그는 어린 소년의 풍선을 터뜨렸다.

유 blast 폭발

---

immediate
[imíːdiət]

혱 ① 즉각적인 ② 가까이 있는 ③ 직접적인
immediately 뷔 즉시
Our government must take immediate action.
우리 정부는 즉각적인 조치를 취해야 한다.

유 instant 즉각적인

---

acid
[ǽsid]

몡 [화학] 산, 산성물질 혱 ① 산성의 ② 신맛이 나는 ③ 신랄한
Vinegar is an acid.
식초는 산이다.

유 sour 시큼한

---

obtain
[əbtéin]

동 얻다, 취득하다, 획득하다　**obtainable** 혱 얻을 수 있는
The information may be difficult to obtain.
그 정보는 얻기가 어려울지도 모른다.

유 gain 얻다

---

steady
[stédi]

혱 ① 꾸준한 ② 고정된 ③ 안정된
My brother finally had a steady job.
우리 형은 마침내 안정된 일자리를 가졌다.

유 consistent
일관된

---

confirm
[kənfə́ːrm]

동 ① 확인하다 ② 공식화하다 ③ 승인하다
confirmation 몡 확인; 확정
The award confirmed her status as a great singer.
그 상은 훌륭한 가수라는 그녀의 지위를 확인시켰다.

---

expenditure
[ikspénditʃər]

몡 ① 지출, 소비 ② 비용
The energy expenditure was significant.
에너지 소비는 상당했다.

반 revenue 수입

---

drag
[dræg]

동 끌다, 끌어당기다
She dragged her suitcase down the path.
그녀는 길에서 여행 가방을 끌었다.

유 draw 끌다

chronicle
[kránikl]

몡 연대기 동 사건 순으로 싣다
His novel shows the chronicles of that time.
그의 소설은 그 시대의 연대기를 보여 준다.

cooperate
[kouápərèit]

동 협력하다, 협동하다 **cooperative** 혱 협동적인
The child refused to cooperate with his friends.
그 아이는 친구들과 협력하기를 거부했다.

유 collaborate
협력하다

therapy
[θérəpi]

몡 (병에 대한) 치료, 요법
Joining a soccer club can be a therapy for loneliness.
축구 동아리에 가입하는 것이 외로움에 대한 치료가 될 수 있다.

유 treatment 치료

dwell
[dwel]

동 거주하다, 살다 (dwell - dwelt - dwelt)
dwelling 몡 주거; 주택
Bats dwell in a cave.
박쥐는 동굴에서 산다.

유 reside
거주하다, 살다

glance
[glæns]

동 ① 흘끗 보다 ② 대충 훑어보다 몡 흘끗 봄
He sat quietly, glancing through a magazine.
그는 조용히 앉아서 잡지를 훑어보고 있었다.

유 glimpse
언뜻 보다

instinct
[ínstiŋkt]

몡 ① 본능 ② 타고난 재능 ③ 직감 **instinctive** 혱 본능적인
Mike knew by instinct what to say.
마이크는 본능적으로 뭐라고 말해야 할지 알았다.

statistic
[stətístik]

몡 ① 통계 수치 ② 통계 자료 **statistical** 혱 통계의
This is a new statistic on household expenditure.
이것은 가계 지출에 관한 새로운 통계 수치이다.

참 statistics
통계학

overdue
[òuvərdjú:]

혱 ① 연체된 ② (기차 등이) 연착되는 ③ 이미 늦어진
I reminded her that the rent was overdue.
나는 그녀에게 집세가 연체되었다는 것을 상기시켰다.

resent
[rizént]

동 분개하다 **resentful** 혱 화가 난
The player resented being dropped from the team.
그 선수는 팀에서 탈락된 것을 분개했다.

stun
[stʌn]

동 ① 놀라게 하다 ② 기절시키다
stunning 혱 놀라운, 매우 멋진
The news stunned all of them.
그 소식은 그들 모두를 놀라게 했다.

유 astonish
놀라게 하다

Exercise

The Vocabulary

A 주어진 단어의 뜻을 영어는 우리말로, 우리말은 영어로 쓰세요.

1 obtain _____
2 drag _____
3 statistic _____
4 cooperate _____
5 dwell _____

6 놀라게 하다, 기절시키다 _____
7 분개하다 _____
8 연체된, 연착되는 _____
9 연대기, 사건 순으로 싣다 _____
10 즉각적인, 가까이 있는 _____

B 알맞은 단어를 넣어 주어진 어구를 완성하세요.

1 military _____ 국방비
2 _____ minorities 소수 민족
3 _____ one's appointment 예약을 확인하다
4 a drug _____ 약물 치료
5 _____ into a laugh 웃음을 터뜨리다

6 at a(n) _____ 한 눈에, 즉시
7 a hunting _____ 사냥 본능
8 a(n) _____ decline 꾸준한 감소
9 _____ soil 산성 토양
10 the _____ of the work 일의 대부분

C 알맞은 단어를 골라 문장을 완성하세요.

1 He has (obtained / stunned) a driver's license.   그는 운전면허를 취득했다.
2 Everyone (cooperated / dragged) to finish the work fast.   모두가 일을 빨리 끝내려고 협력했다.
3 Some bears are (glancing / dwelling) in the mountain.   산 속에 곰 몇 마리가 살고 있다.
4 He (resented / burst) her rude comment.   그는 그녀의 무례한 말에 분개했다.
5 They took (ethnic / immediate) action to stop the crisis.   그들은 위기를 막기 위해 즉각적인 조치를 취했다.

정답 p.122➡

69

Day 18

MP3 듣기 ▶

panel
[pǽnəl]
[명] ① 위원단, 패널 ② 판자 ③ 틀
The show features a panel of famous chefs.
그 프로그램은 유명한 요리사 패널들이 특색을 이룬다.

scrape
[skreip]
[동] 문지르다, 긁어내다 [명] ① 문대는 소리 ② 긁힌 자국
All of us scraped blue paint off the wall.
우리 모두는 벽에 파란색 페인트를 긁어냈다.

inherent
[inhí(:)ərənt]
[형] 타고난, 고유의
There are inherent risks in every sport.
모든 스포츠에는 고유한 위험들이 있다.
[유] innate 선천적인

enhance
[inhǽns]
[동] 강화하다, 향상시키다 enhancement [명] 강화, 개선
We can enhance the flavor of the dish.
우리는 요리의 맛을 향상시킬 수 있다.
[유] strengthen 강화하다

cite
[sait]
[동] ① 인용하다, 예를 들다 ② 소환하다
He cited the three writers in his essay.
그는 에세이에서 3명의 작가들을 인용했다.
[유] quote 인용하다

stiff
[stif]
[형] ① 뻣뻣한, 경직된 ② 거센, 격렬한
Melissa was suffering from a stiff neck.
멜리사는 목이 뻣뻣해서 고생하고 있었다.
[반] flexible 유연한

evaluate
[ivǽljuèit]
[동] ① 평가하다 ② 견적하다 evaluation [명] 평가
The performance of each employee is evaluated every year. 매년 각 직원들의 실적이 평가된다.
[유] estimate 평가하다

conscience
[kάnʃəns]
[명] 양심, 도덕심
It is a matter of individual conscience.
그것은 개인 양심의 문제이다.
[참] consciousness 의식

dramatic
[drəmǽtik]
[형] ① 극적인 ② 인상적인 ③ 연극의
dramatically [부] 극적으로
There was a dramatic increase in tourism.
관광 분야에서 극적인 증가가 있었다.

extensive
[iksténsiv]
[형] ① 광범위한, 대규모의 ② 막대한, 상당한
The flood caused extensive damage to the village.
홍수는 그 마을에 대규모의 피해를 초래했다.
[반] intensive 집중적인

install
[instɔ́:l]

ⓢ ① (장비 등을) 설치하다, 장착하다 ② 임명하다, 취임시키다
New locks were installed on all the doors.
새 자물쇠가 모든 문에 장착되었다.

stem
[stem]

ⓜ (식물의) 줄기 ⓢ ~에서 일어나다, 생기다
Many of his problems stem from his family.
그의 많은 문제들은 가족으로부터 생긴다.

destruction
[distrʌ́kʃən]

ⓜ ① 파괴 ② 멸망 ③ (문서 등의) 파기
destructive ⓗ 파괴적인
The sculpture was saved from destruction.
그 조각상은 파괴로부터 구해졌다.

ⓟ construction
건설, 건축

compact
[kəmpǽkt]

ⓗ ① 소형의 ② 꽉 찬, 조밀한
Her car is compact but very comfortable.
그녀의 차는 소형이지만 매우 편안하다.

durable
[djú(:)ərəbl]

ⓗ 내구성 있는, 튼튼한　durability ⓜ 내구성
The device has to be made of durable materials.
그 장치는 내구성 있는 자재로 만들어져야 한다.

gene
[dʒi:n]

ⓜ 유전자　genetic ⓗ 유전의; 유전학의
The scientists identified a defective gene.
과학자들은 결함 있는 유전자를 식별해냈다.

overtake
[òuvərtéik]

ⓢ ① 따라잡다, 추월하다 ② ~에게 불시에 닥치다
(overtake - overtook - overtaken)
He overtook the other runners easily.
그는 쉽게 다른 주자들을 따라잡았다.

reservoir
[rézərvwà:r]

ⓜ ① 저수지 ② 저장소 ③ 축적, 저장
We have to find water reservoirs in dams.
우리는 댐의 물 저장소를 찾아야 한다.

subscribe
[səbskráib]

ⓢ ① 구독하다 ② 가입하다 ③ 기부하다
subscription ⓜ 구독; 신청; 기부
She subscribes to multiple economic journals.
그녀는 다양한 경제 잡지들을 구독한다.

treaty
[trí:ti]

ⓜ 조약, 협정
They signed a peace treaty with neighboring states.
그들은 이웃 국가들과 함께 평화 조약에 서명했다.

ⓤ pact 조약, 협정

A 주어진 단어의 뜻을 영어는 우리말로, 우리말은 영어로 쓰세요.

1	reservoir	_____	6	위원단, 패널, 판자, 틀	_____
2	gene	_____	7	문지르다, 문대는 소리	_____
3	compact	_____	8	인용하다, 소환하다	_____
4	inherent	_____	9	줄기, ~에서 일어나다	_____
5	enhance	_____	10	따라잡다, 불시에 닥치다	_____

B 알맞은 단어를 넣어 주어진 어구를 완성하세요.

1	_____ assignments	과제를 평가하다	6	the _____ of evidence	증거의 파괴
2	the voice of _____	양심의 목소리	7	_____ software	소프트웨어를 설치하다
3	a(n) _____ shift	극적인 변화	8	_____ cloth	내구성 있는 옷감
4	a(n) _____ competition	격렬한 경쟁	9	_____ to a magazine	잡지를 구독하다
5	_____ damage	광범위한 피해	10	a peace _____	평화 조약

C 알맞은 단어를 골라 문장을 완성하세요.

1 Steroids are known to (install / enhance) performance.   스테로이드는 기록을 향상시킨다고 알려져 있다.

2 I believe goodness is (inherent / durable) in humans.   나는 선한 본성이 인간에게 내재한다고 믿는다.

3 The (stiff / compact) house is fit for a one-person household.   그 작은 집은 1인 가구에 적합하다.

4 The passengers were (cited / overtaken) by panic.   승객들은 공포에 사로잡혔다.

5 His health problems (stem / scrape) from his eating habits.   그의 건강 문제는 식습관에 기인한다.

정답 p.122 ➡

radical [rǽdikəl]
[형] ① 급진적인 ② 근본적인 [명] 급진주의자
radically [부] 급진적으로
She described herself as a radical feminist.
그녀는 자신을 급진적인 페미니스트로 설명했다.

---

veil [veil]
[동] ① 베일로 가리다 ② 숨기다 [명] 면사포, 가리개
The women wore black veils.
여성들은 검은 가리개를 입었다.
[반] unveil 밝히다

---

likewise [láikwàiz]
[부] ① 마찬가지로 ② 또한
Water these plants once a week, and likewise the ones in your room.
일주일에 한 번 이 식물들에 물을 줘, 네 방에 있는 식물들도 마찬가지야.

---

reverse [rivə́ːrs]
[형] ① 거꾸로 된, 반대의 ② 뒤의 [명] 정반대 [동] 뒤바꾸다
The children sang the songs in reverse order.
그 아이들은 반대의 순서로 그 노래들을 불렀다.
[유] opposite 정반대의

---

reside [rizáid]
[동] ~에 살다, 거주하다 **residence** [명] 거주(지)
My sister still resides at my parents' house.
내 여동생은 아직도 부모님 집에서 산다.
[유] abide 살다

---

lord [lɔːrd]
[명] ① 소유자, 지주 ② 영주, 군주 ③ (L~) 하느님, 주님
The people treat him as a lord.
사람들은 그를 지주로 대한다.

---

supervise [súːpərvàiz]
[동] 감독하다, 감시하다 **supervision** [명] 관리, 감독
His job is to supervise the loading of the ship.
그의 임무는 배에 짐 싣는 것을 감독하는 것이다.
[유] oversee 감독하다

---

mutual [mjúːtʃuəl]
[형] ① 상호적인, 서로의 ② 공동의 **mutually** [부] 서로
Our relationship was based on mutual trust.
우리의 관계는 상호 신뢰에 기반을 두고 있었다.

---

overwhelm [òuvərwélm]
[동] ① 압도하다 ② 제압하다 ③ 당황하게 하다
overwhelming [형] 압도적인
We were so overwhelmed by his charisma.
우리는 그의 카리스마에 완전히 압도당했다.

---

dynamic [dainǽmik]
[형] ① 역동적인, 힘찬 ② [물리] 역학적인
The IT sector is fast-growing and dynamic.
IT 분야는 급속히 성장하고 역동적이다.

inhibit
[inhíbit]

동 ① 억제하다 ② 금지하다　**inhibition** 명 억제, 방해; 금지
Strict laws inhibited economic growth.
엄격한 법은 경제 성장을 억제했다.

유 forbid 금지하다

stock
[stɑk]

명 ① 재고 ② 저장 ③ 주식
Most of their money was invested in stocks.
그들이 가진 돈의 대부분은 주식에 투자되었다.

conscious
[kánʃəs]

형 의식하는, 자각하는　**consciousness** 명 의식, 자각
He was fully conscious when he was found.
그는 발견되었을 때 완전히 의식이 있었다.

반 unconscious
의식하지 못하는

blast
[blæst]

명 ① 폭발 ② 돌풍 ③ 큰 즐거움
동 ① 폭파하다 ② 발사하다 ③ 크게 울리다
Yesterday's blast injured at least ten people.
어제 폭발로 적어도 10명의 사람들이 다쳤다.

유 explode
폭발하다

compromise
[kámprəmàiz]

동 ① 타협하다, 절충하다 ② 손상시키다
명 ① 타협, 절충 ② 손상
Neither of them is willing to make compromises.
그들 중 아무도 타협하려 들지 않는다.

strategy
[strǽtədʒi]

명 ① 전략 ② 계획　**strategic** 형 전략적인
They discovered successful investment strategies.
그들은 성공적인 투자 전략들을 발견했다.

유 tactic
전술, 전략

gaze
[geiz]

동 가만히 보다, 응시하다 명 주시, 시선
We gazed into each other's eyes.
우리는 서로의 눈을 응시했다.

유 stare 응시하다

inject
[indʒékt]

동 ① 주입하다 ② (액체를) 주사하다 ③ 끼워 넣다
injection 명 주입; 주사
She injected a little humor into her speech.
그녀는 연설에 약간의 유머를 끼워 넣었다.

vice
[vais]

명 ① 악덕 ② 범죄
My mother thought gambling was a vice.
어머니는 도박은 악덕이라고 생각하셨다.

반 virtue 미덕

distress
[distrés]

명 ① 고통, 고난 ② 걱정 동 괴롭히다
The patient showed no obvious signs of distress.
환자는 명백한 고통의 흔적이 보이지 않았다.

유 misery
고통, 비참

Exercise

A 주어진 단어의 뜻을 영어는 우리말로, 우리말은 영어로 쓰세요.

1 likewise _____

2 reverse _____

3 inhibit _____

4 distress _____

5 reside _____

6 지주, 군주 _____

7 역동적인, 힘찬 _____

8 폭발, 폭파하다 _____

9 응시하다, 시선 _____

10 압도하다 _____

B 알맞은 단어를 넣어 주어진 어구를 완성하세요.

1 _____ a secret   비밀을 숨기다

2 _____ concern   상호간의 관심

3 a(n) _____ effort   의식적인 노력

4 business _____   사업 전략

5 out of _____   재고가 없는

6 be _____ with a vaccine   백신 주사를 맞다

7 reach a(n) _____   합의에 도달하다

8 _____ and crime   악덕과 범죄

9 _____ reforms   급진적 개혁

10 _____ workers   직원들을 감독하다

C 알맞은 단어를 골라 문장을 완성하세요.

1 She (veiled / reversed) the order of these pages.   그녀는 이 페이지들의 순서를 뒤집었다.

2 Fear (inhibited / injected) his impulse to cry out.   두려움이 그가 소리치고 싶은 충동을 억제했다.

3 They help families in financial (distress / vice).   그들은 재정적 어려움에 있는 가정들을 돕는다.

4 Peter was (gazing / compromising) out of the window.   피터는 창밖을 바라보고 있었다.

5 Harry was (blasted / overwhelmed) with his new job.   해리는 그의 새로운 일에 압도당했다.

정답 p.122 ➡

Day 20

MP3 듣기 ▶

flesh
[fleʃ]

몡 ① 살, 고기 ② 피부 ③ (과일의) 과육
They don't eat animal flesh.
그들은 육류 고기를 먹지 않는다.

참 tissue
(세포) 조직

illustrate
[íləstrèit]

통 ① 설명하다, 예증하다 ② 삽화를 넣다
illustration 몡 삽화; 설명
Please give a few examples to illustrate your point.
당신의 요점을 설명하기 위해 예를 몇 개 들어보세요.

mill
[mil]

몡 ① 방앗간, 제분소 ② 분쇄기 ③ 공장 통 제분하다
The company closed several grain mills last year.
그 회사는 작년에 제분소 몇 곳을 폐쇄했다.

유 grinder 분쇄기

tin
[tin]

몡 ① 주석, 양철 ② 통조림용 통
She has found a tin of beans in the fridge.
그녀는 냉장고에서 콩 통조림 한 통을 발견했다.

참 zinc 아연

tease
[tiːz]

통 놀리다, 괴롭히다
The kid was always teased by his brother.
아이는 항상 형에게 놀림을 받았다.

유 mock 놀리다

platform
[plǽtfɔːrm]

몡 ① 단, 대, 강단, 무대 ② (역의) 승강장
My teacher stepped up onto the platform.
우리 선생님은 강단에 올라갔다.

consequence
[kánsəkwèns]

몡 ① 결과 ② 중요성, 가치   consequently 튀 결과적으로
What are the consequences of the war?
전쟁의 결과는 어땠나요?

유 effect 결과, 효과

painstaking
[péinstèikiŋ]

혱 ① 애쓰는 ② 공들인, 고심한
Painstaking efforts are required to restore the painting.
그 그림을 복원하기 위해 공들인 노력이 요구된다.

psychology
[saikálədʒi]

몡 ① 심리 ② 심리학   psychological 혱 심리적인
He understands the psychology of women well.
그는 여자의 심리를 잘 이해한다.

substitute
[sʌ́bstitjùːt]

몡 대체자, 대체물 혱 대체하는 통 대신하다, 대용하다
This food is a good substitute for meat.
이 음식은 고기의 훌륭한 대용품이다.

유 replace
대신하다

extract
[ikstrǽkt]

동 ① 뽑아내다 ② 인용하다 ③ (물질 등을) 추출하다
명 ① 추출물 ② (발췌된) 인용문
This oil is extracted from olives.
이 기름은 올리브에서 추출되었다.

유 elicit
(정보를) 끌어내다

substance
[sʌ́bstəns]

명 ① 물질 ② 본질, 실체 ③ 중요성
substantial 형 실질적인; 상당한
Is rubber a flexible substance?
고무는 유연한 물질인가요?

beloved
[bilʌ́vid]

형 아주 사랑하는
Her beloved dog died last year.
그녀가 아주 사랑하던 개가 작년에 죽었다.

유 cherished
소중하게 간직한

dispute
[dispjúːt]

명 분쟁, 논쟁 동 ① 논쟁하다 ② (~을 두고) 다투다
He has been unable to settle the dispute over the issue.
그는 그 문제에 대한 논쟁을 해결할 수 없었다.

유 controversy
논쟁, 논의

fulfill
[fulfíl]

동 ① 이행하다, 수행하다 ② 달성하다, 성취하다
We failed to fulfill our obligations.
우리는 우리 의무를 이행하지 못했다.

유 accomplish
성취하다

indispensable
[ìndispénsəbl]

형 필수적인, 없어서는 안 될
Kane is indispensable to our soccer team.
케인은 우리 축구팀에 없어서는 안 된다.

유 imperative
필수의

publicity
[pʌblísəti]

명 ① 홍보, 광고 ② 평판 publicize 동 광고하다
His comment is good publicity for the new book.
그의 논평은 새 책에 대한 좋은 홍보가 된다.

유 promotion
홍보

retail
[ríːtèil]

명 (소비자에게 직접 판매하는) 소매 형 소매의
There is an increase in the retail prices of petrol.
휘발유 소매가격이 인상되었다.

반 wholesale 도매

surrender
[səréndər]

동 ① 항복하다 ② 넘겨주다, 인도하다 명 항복, 포기; 양도
The gang finally surrendered after two months of fighting.
그 갱들은 2개월의 싸움 후에 마침내 항복했다.

유 yield 굴복하다

autonomy
[ɔːtánəmi]

명 ① 자율성 ② 자치권
They are demanding autonomy for the region.
그들은 그 지역에 대한 자치권을 요구하고 있다.

유 sovereignty
자주권

A 주어진 단어의 뜻을 영어는 우리말로, 우리말은 영어로 쓰세요.

1 tease _____
2 psychology _____
3 painstaking _____
4 retail _____
5 autonomy _____

6 필수적인 _____
7 물질, 본질, 중요성 _____
8 강단, 무대, 승강장 _____
9 양철, 통조림용 통 _____
10 설명하다, 삽화를 넣다 _____

B 알맞은 단어를 넣어 주어진 어구를 완성하세요.

1 a steel _____ 제철 공장
2 the _____ of fish 생선 살
3 _____ to temptation 유혹에 굴복하다
4 the _____ of drought 가뭄의 결과
5 a(n) _____ teacher 대리 교사

6 have a tooth _____ 치아를 뽑다
7 my _____ bicycle 내가 아끼는 자전거
8 beyond _____ 논쟁의 여지가 없는
9 negative _____ 부정적인 평판
10 _____ a promise 약속을 이행하다

C 알맞은 단어를 골라 문장을 완성하세요.

1 The train for Seoul is boarding on (tin / platform) 5. 서울행 열차는 5번 승강장에서 탑승 중이다.
2 Water is (indispensable / beloved) to all living creatures. 물은 모든 살아 있는 생명체에 필수적이다.
3 The territory was granted (publicity / autonomy) in 1920. 그 영토는 1920년에 자치권을 얻었다.
4 The table was covered with sticky (retail / substance). 테이블은 끈적이는 물질로 덮여 있었다.
5 He (teased / illustrated) his new theory with many examples. 그는 많은 예를 들어 자신의 새 이론을 설명했다.

정답 p.123 ➡

A 주어진 단어와 알맞은 뜻을 찾아 연결하세요.

1	confirm	·	· 문제, 일	6	subscribe ·	· 의식하는
2	instinct	·	· 붕괴하다	7	conscious ·	· 타협하다
3	affair	·	· 확인하다	8	compromise ·	· 구독하다
4	collapse	·	· 양심	9	consequence ·	· 이행하다
5	conscience	·	· 본능	10	fulfill ·	· 결과

B 단어의 관계에 맞게 빈칸을 채우세요.

1 neglect : _____ = invade : intrude

2 _____ : treatment = strategy : tactic

3 beloved : _____ = inherent : innate

4 ethnic : racial = _____ : instant

5 construction : _____ = virtue : vice

6 extensive : _____ = stiff : flexible

7 radical : _____ = mutual : mutually

8 durable : durability = genetic : _____

9 enhance : _____ = inject : injection

10 criticize : critical = obtain : _____

C 알맞은 단어를 넣어 문장을 완성하세요.

1 Dinosaurs are out of _____ now.
공룡은 지금은 존재하지 않는다.

2 Her baby is already a week _____.
그녀의 아기는 이미 분만 예정일이 일주일 지났다.

3 Let me _____ just two examples.
제가 두 가지 예를 인용할게요.

4 His family _____ in New York City.
그의 가족은 뉴욕 시에 거주하고 있다.

5 He is majoring in _____.
그는 심리학을 전공한다.

정답 p.123 ➡

Vocabulary Plus

☐ **be about to** ~하려고 하다 | I **was about to** call you.
나는 너에게 막 전화를 하려고 했었다.

☐ **be supposed to** ~하기로 되어 있다 | I **am supposed to** meet her at 4.
나는 4시에 그녀를 만나기로 되어 있다.

☐ **be careful of** ~을 조심하다 | You should **be careful of** strangers.
낯선 사람들을 조심해야 한다.

☐ **be familiar with** ~을 잘 알고 있는 | Ethan **is** not **familiar with** this city.
에단은 이 도시를 잘 알고 있지 않다.

☐ **do away with** 없애버리다, 죽이다 | They **did away with** the rule.
그들은 그 규칙을 폐지했다.

☐ **make do with** ~로 때우다 | We had to **make do with** a quick snack.
우리는 간단한 스낵으로 식사를 때워야 했다.

☐ **earn one's living** 생계를 유지하다 | Jacob **earns his living** by working as a teacher.
제이콥은 선생님으로 일하면서 생계를 유지한다.

☐ **make up one's mind** 결심하다 | Ivy **made up her mind** to go to college.
아이비는 대학에 가기로 결심했다.

☐ **give a big hand** 박수갈채를 보내다 | People **gave a big hand** to the singer.
사람들은 그 가수에게 박수갈채를 보냈다.

☐ **compare A with B**
A와 B를 비교하다 | Don't **compare** your child **with** another.
당신의 아이를 다른 아이들과 비교하지 마라.

Check-up Test

1 I _____ _____ _____ leave the office.
나는 막 사무실을 떠나려던 참이었다.

2 I _____ _____ _____ visit him at 6.
나는 6시에 그를 방문하기로 되어 있다.

3 He _____ not _____ _____ Japanese culture.
그는 일본 문화에 익숙하지 않다.

4 Mr. Green works as a dentist to _____ _____ _____.
그린 씨는 생계를 유지하기 위해 치과 의사로 일한다.

5 We _____ a(n) _____ _____ to the pianist.
우리는 피아니스트에게 박수갈채를 보냈다.

정답 p.123 ➡

Chapter 05

Day 21
~
Day 25

Day 21

MP3 듣기 ▶

undergo
[ʌ̀ndərgóu]

[동] ~을 겪다, 경험하다 (undergo - underwent - undergone)

He will have to **undergo** an operation.
그는 수술을 해야 할 것이다.

[유] experience 경험하다

bias
[báiəs]

[명] ① 편견 ② 성향　**biased** [형] 치우친, 편견을 가진

The decision was made without **bias**.
그 결정은 편견 없이 이뤄졌다.

[유] prejudice 편견

permanent
[pə́:rmənənt]

[형] 영구적인, 지속적인

The man suffered **permanent** brain damage.
그 남자는 영구적인 뇌 손상으로 고통받았다.

[반] temporary 일시적인

indicate
[índikèit]

[동] ① 가리키다 ② 나타내다　**indication** [명] 표시, 징후

The map **indicates** where the shop is located.
지도는 그 상점이 어디에 위치해 있는지 나타낸다.

voluntary
[vάləntèri]

[형] ① 자발적인 ② 자원 봉사의

My job at the hospital is purely **voluntary**.
병원에서 나의 일은 순전히 자발적인 것이다.

[반] compulsory 강제적인

simulate
[símjulèit]

[동] ① ~을 가장하다, ~한 체하다 ② 모의실험하다
simulation [명] 겉치레; 모의실험

The model will be used to **simulate** the effects.
그 모형은 결과를 모의실험하기 위해 이용될 것이다.

[유] pretend ~인 척하다

cultivate
[kʌ́ltəvèit]

[동] ① (토양을) 경작하다 ② (식물 · 작물을) 재배하다 ③ 계발시키다
cultivation [명] 경작; 양성

They survive by **cultivating** vegetables and grain.
그들은 야채와 곡물을 경작해서 살아간다.

sympathy
[símpəθi]

[명] ① 동정 ② 공감
sympathetic [형] 동정심을 느끼는; 공감하는

There was no **sympathy** between them.
그들 사이에는 공감이 없었다.

[반] antipathy 반감, 혐오

conclude
[kənklú:d]

[동] ① 결론을 내리다 ② 끝마치다 ③ 체결하다
conclusion [명] 결론; 결말

The investigation has not yet **concluded**.
그 조사는 아직 끝나지 않았다.

supplement
[sʌ́pləmənt]

[명] ① 추가, 보완 ② 보충제 [동] 보충하다, 보완하다

She **supplements** her income by writing articles.
그녀는 기사를 쓰면서 자신의 수입을 보충한다.

invoke
[invóuk]

통 ① 호소하다, 부르다 ② 청하다 ③ (법 · 규칙 등을) 행사하다
Their dance is performed to invoke ancient gods.
그들의 춤은 고대 신들을 부르기 위해 행해진다.

cuisine
[kwizí:n]

명 ① 요리 ② 조리법
This restaurant is famous for its spicy cuisine.
이 식당은 매운 요리로 유명하다.

expire
[ikspáiər]

통 ① 만기되다 ② 죽다 ③ 숨을 내쉬다
expiration 명 만기; 숨을 내쉬기
His passport has expired.
그의 여권은 만기되었다.

manuscript
[mǽnjəskrìpt]

명 ① (문서의) 원고 ② 사본, 필사본
The library owns the author's original manuscript.
도서관은 그 작가의 원래 원고를 소장하고 있다.

patriot
[péitriət]

명 애국자　patriotism 명 애국심
They devoted their lives to their country as great patriots.
그들은 위대한 애국자들로서 나라에 목숨을 바쳤다.

smash
[smæʃ]

통 ① 박살내다 ② 부딪치다 ③ 분쇄하다 명 ① 강타 ② 분쇄
The ball smashed the window.
공이 창문을 박살냈다.

유 shatter
산산이 부수다

deceit
[disí:t]

명 속임수, 사기, 기만　deceitful 형 남을 속이는
Their behaviors were based on lies and deceit.
그들의 행동은 거짓말과 속임수에 기반을 두고 있었다.

recipient
[risípiənt]

명 수령자, 받는 사람
She was the first recipient of an artificial heart.
그녀는 인공 심장의 최초의 수령자였다.

retire
[ritáiər]

통 ① 은퇴하다 ② 철수하다　retirement 명 은퇴; 퇴각
Most female models retire around the age of 25.
대부분 여성 모델들은 25세 정도에 은퇴한다.

유 withdraw
철수하다

diplomacy
[diplóuməsi]

명 ① 외교(술) ② (사람을 다루는) 기술, 수완
diplomatic 형 외교적인
She has had a distinguished career in diplomacy.
그녀는 외교 분야에서 눈부신 경력이 있다.

Exercise

A 주어진 단어의 뜻을 영어는 우리말로, 우리말은 영어로 쓰세요.

1 indicate _____
2 retire _____
3 sympathy _____
4 cuisine _____
5 patriot _____

6 속임수, 사기 _____
7 원고, 사본, 필사본 _____
8 만기되다, 죽다 _____
9 결론을 내리다 _____
10 모의실험하다 _____

B 알맞은 단어를 넣어 주어진 어구를 완성하세요.

1 _____ many hardships 많은 고충을 겪다
2 cultural _____ 문화적 편견
3 a(n) _____ job 정규직
4 _____ donations 자발적인 기부
5 _____ the report 보고서를 보충하다

6 _____ beans 콩을 재배하다
7 _____ information 수신자 정보
8 _____ God's mercy 신의 은총을 빌다
9 _____ boats 배들을 박살내다
10 international _____ 국제 외교

C 알맞은 단어를 골라 문장을 완성하세요.

1 Artificial leather (indicates / simulates) real leather. 인공 가죽은 진짜 가죽을 흉내 낸 것이다.

2 His driver's license has (expired / cultivated). 그의 운전 면허증은 만료되었다.

3 Many people have (cuisine / sympathy) for the rebels. 많은 사람들이 반란군들에 동정심을 느낀다.

4 The meeting has not (concluded / invoked) yet. 회의는 아직 끝나지 않았다.

5 He (underwent / retired) from his job two years ago. 그는 2년 전에 직책에서 물러났다.

정답 p.123 ➡

84

boundary
[báundəri]

명 경계(선), 한계, 테두리
The river forms the country's northern boundary.
강은 그 나라의 북쪽 경계를 형성한다.

유 border 경계

---

abuse
[əbjú:s]

동 ① 남용하다 ② 학대하다 ③ 욕하다
명 ① 남용, 오용 ② 학대 ③ 욕설
Physical abuse of children is too common.
아이들에 대한 육체적인 학대는 너무 흔하다.

---

limb
[lim]

명 ① 팔다리 ② (나무의) 큰 가지
She was struck by a falling limb from a large oak tree.
그녀는 큰 참나무에서 떨어지는 가지에 맞았다.

유 bough 큰 가지

---

deduce
[didjú:s]

동 추론하다, 연역하다   deduction 명 추론; 공제, 차감
It can be deduced from an examination of the data.
그것은 자료 조사로 추론될 수 있다.

---

alongside
[əló(:)ŋsáid]

부 옆에, 나란히 전 ① ~옆에, ~와 나란히 ② ~와 동시에
The railway runs alongside the road.
기찻길은 도로와 나란히 나 있다.

---

weep
[wi:p]

동 울다, 눈물을 흘리다 (weep - wept - wept)
My mother began to weep tears of joy.
어머니는 기쁨의 눈물을 흘리기 시작했다.

유 sob 흐느껴 울다

---

courtesy
[kə́:rtəsi]

명 예의 바름 형 ① 예의상의 ② 무료의
He treats everyone with kindness and courtesy.
그는 모든 사람을 친절과 예의로 대한다.

유 politeness
공손, 예의

---

restrict
[ristríkt]

동 제한하다, 한정하다   restriction 명 제한, 규제
Doctors have restricted the number of visits.
의사들은 방문의 횟수를 제한했다.

유 limit 제한하다

---

warehouse
[wέərhàus]

명 창고
Goods were delivered to the company's warehouse.
상품은 회사 창고로 배송되었다.

---

interact
[ìntərǽkt]

동 ① 서로 작용하다 ② 교류하다   interaction 명 상호 작용
We have to understand how cells interact.
우리는 세포들이 어떻게 상호 작용하는지 이해해야 한다.

---

sustain
[səstéin]

동 ① 지탱하다 ② 유지하다, 지속하다 ③ 지지하다
sustainable 형 지속 가능한
The roof was unable to sustain the weight of the snow.
지붕은 눈의 무게를 지탱하지 못했다.

유 support
떠받치다

---

forthcoming
[fɔ́ːrθkʌ̀miŋ]

형 ① 다가오는, 곧 있을 ② 준비된
No response was forthcoming.
어떤 응답도 준비되지 않았다.

유 upcoming
다가오는

---

fabric
[fǽbrik]

명 ① 천, 직물 ② (건물 · 사회 등의) 구조, 뼈대
The curtains are made of expensive fabric.
커튼은 비싼 천으로 만들어졌다.

유 fiber 섬유

---

exclude
[iksklúːd]

동 ① 제외하다 ② 차단하다　**exclusive** 형 배타적인; 독점적인
The prices on the menu exclude tax.
메뉴의 가격들은 세금을 제외한다.

반 include
포함하다

---

medieval
[mìːdiíːvəl]

형 중세의
We visited some medieval castles in the city.
우리는 도시에서 중세의 성을 몇 군데 방문했다.

참 ancient 고대의

---

witness
[wítnis]

동 ① 목격하다 ② 증언하다　명 ① 목격자 ② 증언
There must be two witnesses present.
두 명의 목격자가 참석해야 한다.

---

peak
[piːk]

명 ① (산의) 정상 ② 뾰족한 끝 ③ 절정, 정점
The traffic jam reaches its peak at 8:30 in the morning.
교통 체증은 아침 8시 30분에 절정에 이른다.

유 climax
최고조, 절정

---

slender
[sléndər]

형 ① 날씬한 ② 가느다란
She has a tall slender figure.
그녀는 키가 크고 날씬하다.

유 slim 날씬한

---

illuminate
[ilúːmənèit]

동 ① (빛으로) 밝히다 ② 명확히 하다
illumination 명 조명; 이해, 깨달음
The black sky was illuminated by lightning.
어두운 하늘은 번개로 밝혀졌다.

---

recreation
[rèkriéiʃən]

명 레크리에이션, 오락
What do they do for recreation?
그들은 오락으로 무엇을 하니?

유 amusement
즐거움, 오락

A 주어진 단어의 뜻을 영어는 우리말로, 우리말은 영어로 쓰세요.

1 recreation _____
2 warehouse _____
3 illuminate _____
4 exclude _____
5 limb _____

6 남용하다, 학대하다 _____
7 옆에, 나란히 _____
8 목격하다, 증언하다 _____
9 서로 작용하다, 교류하다 _____
10 다가오는, 곧 있을 _____

B 알맞은 단어를 넣어 주어진 어구를 완성하세요.

1 the _____ line 경계선
2 _____ with happiness 기쁨에 눈물을 흘리다
3 _____ smoking 흡연을 제한하다
4 _____ from images 이미지에서 추론하다
5 common _____ 상식적인 예의

6 _____ economic growth 경제 성장을 유지하다
7 cotton _____ 면섬유
8 _____ times 중세 시대
9 the _____ of one's career 경력의 절정
10 a(n) _____ glass 날씬한 유리잔

C 알맞은 단어를 골라 문장을 완성하세요.

1 Don't (exclude / deduce) your sister from the game. 네 여동생을 게임에서 제외하지 마라.
2 She was a (limb / witness) to the murder case. 그녀는 살인 사건의 목격자이다.
3 The room was (restricted / illuminated) by the candles. 그 방은 촛불이 밝혀졌다.
4 The old man was accused of (abusing / weeping) animals. 그 노인은 동물을 학대한 것으로 고소당했다.
5 At nursery school, children learn to (sustain / interact). 어린이집에서 아이들은 소통하는 법을 배운다.

정답 p.123➡

candidate
[kǽndidèit]
- 몡 ① (선거·직위) 후보자 ② 지원자
- Josh emerged as the best candidate.
- 조쉬는 최고의 후보자로 부상했다.

definite
[défənit]
- 혱 ① 명확한 ② 확실한
- It's too soon to give a definite answer.
- 명확한 대답을 주기에 너무 이르다.
- 뺸 indefinite
- 막연한

mechanism
[mékənìzəm]
- 몡 ① 기계 장치, 기계 부분 ② 구조, 체계
- **mechanical** 혱 기계적인
- The camera's shutter mechanism was broken.
- 카메라의 셔터 장치가 고장 났다.

numerous
[njúːmərəs]
- 혱 매우 많은, 다수의
- They decided to leave for numerous reasons.
- 그들은 수많은 이유들로 떠날 것을 결심했다.
- 윾 countless
- 무수한

analysis
[ənǽləsis]
- 몡 분석, 분해　　**analyze** 됭 분석하다
- This report needs a careful analysis.
- 이 보고서는 신중한 분석이 필요하다.
- 뺸 synthesis
- 종합, 합성

resign
[rizáin]
- 됭 ① (직위에서) 물러나다 ② 포기하다
- **resignation** 몡 사직; 단념
- The mayor was forced to resign his position.
- 시장은 자신의 자리에서 물러날 것을 강요받았다.

wreck
[rek]
- 몡 ① 파손, 난파 ② 파손된 것　됭 ① 파괴하다 ② 난파시키다
- The town has been wrecked by the bombing.
- 마을은 폭격으로 파괴되었다.

interval
[íntərvəl]
- 몡 ① 간격, 사이 ② 휴식 시간
- How long is the interval?
- 간격은 얼마나 되나요?

approximate
[əprɑ́ksəmət]
- 혱 대강의, 근사치의　됭 ① ~와 유사하다 ② ~을 어림잡다
- Can you give me the approximate cost of the repair?
- 대강의 수리 비용은 얼마쯤 되나요?

vow
[vau]
- 몡 맹세, 서약　됭 맹세하다
- The bride and groom exchanged wedding vows.
- 신랑과 신부는 혼인 서약을 주고받았다.
- 윾 oath 맹세, 서약

input
[ínpùt]

몡 ① 투입 ② 입력 ③ 조언
The job will require a considerable input of money.
그 일은 상당한 돈을 투입해야 할 것이다.

반 output 출력

decent
[díːsənt]

혱 ① 제대로 된, 괜찮은 ② 품위 있는, 예의 바른
She impresses us as a decent woman.
그녀는 우리에게 예의 바른 여성이라는 인상을 준다.

유 proper 적절한

auction
[ɔ́ːkʃən]

몡 경매 몡 경매로 팔다
He bought this desk at an auction.
그는 경매에서 이 책상을 샀다.

expand
[ikspǽnd]

몡 확대하다, 확장하다   **expansion** 몡 확대, 확장
They have plans to expand the airport.
그들은 공항을 확장할 계획이 있다.

반 contract
단축하다

farewell
[fɛ̀ərwél]

몡 작별
We said our farewells there at the church.
우리는 그곳 교회에서 작별 인사를 했다.

misuse
[misjúːs]

몡 ① 오용, 남용 몡 ① 오용하다, 악용하다 ② 학대하다
He is charged with misusing company funds.
그는 회사 기금을 유용해서 기소되었다.

유 abuse 남용하다

peninsula
[pənínsələ]

몡 [지리] 반도
They don't understand the political situation in the
Korean peninsula.
그들은 한반도의 정치적인 상황을 이해하지 못한다.

slam
[slæm]

몡 ① 쾅 닫다 ② ~을 내던지다 ③ 강타하다
몡 쾅 닫기, 쾅 닫는 소리
She slammed the door and locked it.
그녀는 문을 쾅 닫고 잠갔다.

illusion
[ilúːʒən]

몡 ① 환상, 환각 ② 착각, 오해
He thinks that love is nothing but an illusion.
그는 사랑은 단지 환상이라고 생각한다.

burglar
[bə́ːrglər]

몡 도둑, 강도
The burglar had left his fingerprints on the door handle.
강도는 문고리에 자신의 지문을 남겼다.

유 robber 강도

A 주어진 단어의 뜻을 영어는 우리말로, 우리말은 영어로 쓰세요.

1 burglar _____

2 vow _____

3 illusion _____

4 farewell _____

5 analysis _____

6 기계 장치, 구조 _____

7 매우 많은, 다수의 _____

8 확대하다, 확장하다 _____

9 간격, 휴식 시간 _____

10 대강의, 근사치의 _____

B 알맞은 단어를 넣어 주어진 어구를 완성하세요.

1 a presidential _____ 　대통령 후보

2 a(n) _____ offer 　확실한 제의

3 a(n) _____ device 　입력 장치

4 _____ one's hope 　희망을 포기하다

5 a(n) _____ car 　파괴된 차량

6 make a(n) _____ living 　벌이가 괜찮다

7 be up for _____ 　경매에 나오다

8 the _____ of power 　권력의 남용

9 _____ a book 　책을 세차게 놓다

10 lie on a(n) _____ 　반도 위에 있다

C 알맞은 단어를 골라 문장을 완성하세요.

1 The restaurant (expanded / resigned) its business. 　　　그 식당은 사업을 확장했다.

2 This shows (approximate / decent) guidelines only. 　　　이것은 단지 대략적인 가이드라인을 보여준다.

3 A (burglar / candidate) was witnessed to break into a house. 　　강도가 집에 침입하는 것이 목격되었다.

4 The President made a(n) (vow / auction) to create jobs. 　　대통령은 일자리를 창출하겠다고 약속했다.

5 They did a chemical (analysis / illusion) of the ground water. 　　그들은 지하수의 화학적 분석을 했다.

정답 p.124➡

Day 24

MP3 듣기 ▶

efficiency
[ifíʃənsi]

⟨명⟩ 효율, 능률　**efficient** ⟨형⟩ 효율적인
We were impressed by the efficiency of the new system.
우리는 새 시스템의 효율에 감명받았다.

---

offend
[əfénd]

⟨동⟩ ① 불쾌하게 하다 ② (규범을) 어기다
offensive ⟨형⟩ 모욕적인; 공격적인
I'm sorry. I didn't mean to offend you.
죄송해요. 불쾌하게 할 의도는 아니었어요.

⟨유⟩ insult 모욕하다

---

enormous
[inɔ́ːrməs]

⟨형⟩ 거대한, 막대한
Evan earned an enormous amount of money.
에반은 막대한 양의 돈을 벌었다.

⟨유⟩ vast 어마어마한

---

momentary
[móuməntèri]

⟨형⟩ 순간적인, 찰나의
Her hesitation was only momentary.
그녀의 망설임은 단지 순간적인 것이었다.

⟨유⟩ transitory
일시적인

---

phase
[feiz]

⟨명⟩ ① 단계, 국면 ② (달 · 행성의) 위상, 모습
This project will be done in five phases.
이 프로젝트는 다섯 단계로 행해질 것이다.

---

transition
[trænzíʃən]

⟨명⟩ ① 변천 ② 전환 ③ 이행　**transitional** ⟨형⟩ 과도기의
We wanted to have a smooth transition.
우리는 순조로운 전환이 이루어지길 원했다.

---

extraordinary
[ikstrɔ́ːrdənèri]

⟨형⟩ ① 비상한, 비범한 ② 이상한, 놀라운
The whole idea was very extraordinary.
그 생각 전체가 대단히 놀라웠다.

⟨반⟩ ordinary 보통의

---

reproduce
[rìːprədjúːs]

⟨동⟩ ① 복사하다, 복제하다 ② 번식하다 ③ 재현하다
The virus is able to reproduce itself rapidly.
바이러스는 순식간에 스스로 복제할 수 있다.

⟨유⟩ breed 번식하다

---

assembly
[əsémbli]

⟨명⟩ ① 집회, 회의 ② 의회 ③ 조립
assemble ⟨동⟩ 모으다; 조립하다
There's a religious assembly every morning.
아침마다 종교 집회가 있다.

⟨유⟩ conference
회의

---

investigate
[invéstəgèit]

⟨동⟩ 조사하다, 연구하다　**investigation** ⟨명⟩ 조사
The accident was thoroughly investigated.
그 사건은 철저하게 조사되었다.

⟨유⟩ survey 조사하다

behalf
[biháef]

명 ① 이익 ② 원조   **on behalf of** ~을 대신하여
He had to attend the funeral on **behalf** of his company.
그는 회사를 대신하여 장례식에 참석해야 했다.

---

dedicate
[dédikèit]

동 ① 바치다, 헌납하다 ② 헌신하다, 전념하다
dedicated 형 헌신적인; 전용으로 사용되는
She **dedicated** herself to her research.
그녀는 자신의 연구에 전념했다.

---

counsel
[káunsəl]

명 ① 조언, 상담 ② 변호인 동 조언하다, 상담하다
Jake asked for legal **counsel**.
제이크는 법률적 조언을 요청했다.

유 advice
조언, 충고

---

fatal
[féitəl]

형 ① 치명적인 ② 운명의
You made a **fatal** mistake.
당신은 치명적인 실수를 했다.

유 deadly 치명적인

---

vacant
[véikənt]

형 ① 텅 빈 ② 공석의 ③ (표정이) 멍한
vacancy 명 공허; 빈 터; 빈자리
These lockers are all **vacant**.
이 사물함들은 모두 비어 있다.

유 blank 빈, 공허한

---

outline
[áutlàin]

명 ① 윤곽 ② 개요 동 ① 윤곽을 그리다 ② 요약하다
This book **outlines** the major events of the world history.
이 책은 세계사의 주요 사건들을 요약하고 있다.

유 summarize
요약하다

---

pessimistic
[pèsəmístik]

형 비관적인   **pessimism** 명 비관주의
The movie gave a **pessimistic** view of human nature.
그 영화는 인간 본성에 대한 비관적인 견해를 제시했다.

반 optimistic
낙관적인

---

simultaneously
[sàiməltéiniəsli]

부 동시적으로   **simultaneous** 형 동시의
We **simultaneously** finished our homework.
우리는 동시에 숙제를 끝마쳤다.

---

respective
[rispéktiv]

형 각각의, 각자의   **respectively** 부 각각, 저마다
My parents talked about their **respective** childhoods.
부모님은 각자의 어린 시절에 대해 말씀하셨다.

참 respected
훌륭한

---

barren
[bǽrən]

형 ① 황량한, 불모의 ② 불임의
The research team visited a remote and **barren** island.
그 연구팀은 멀리 떨어져 있는 황량한 섬을 방문했다.

반 fertile 비옥한

Exercise

A 주어진 단어의 뜻을 영어는 우리말로, 우리말은 영어로 쓰세요.

1 dedicate _____

2 outline _____

3 respective _____

4 investigate _____

5 momentary _____

6 복사하다, 번식하다 _____

7 불쾌하게 하다 _____

8 조언, 상담 _____

9 동시적으로 _____

10 단계, 국면 _____

B 알맞은 단어를 넣어 주어진 어구를 완성하세요.

1 _____ abilities 비범한 능력

2 a(n) _____ line 조립 라인

3 on _____ of a school 학교를 대표해서

4 a(n) _____ mistake 치명적 실수

5 a(n) _____ attitude 비관적 태도

6 a(n) _____ position 공석, 빈자리

7 a(n) _____ desert 황량한 사막

8 a period of _____ 과도기

9 fuel _____ 연료 효율

10 a(n) _____ loss 막대한 손실

C 알맞은 단어를 골라 문장을 완성하세요.

1 This chapter (outlines / offends) Korea's modern history. 이 챕터는 한국의 현대사를 간략히 설명한다.

2 Salmon (respective / reproduce) in late summer or fall. 연어는 늦여름이나 가을에 번식한다.

3 The police are (counseling / investigating) the fraud. 경찰은 사기 사건을 조사 중이다.

4 Her novel is (assembled / dedicated) to her mother. 그녀의 소설은 어머니에게 헌사된다.

5 He can do both (simultaneously / momentary). 그는 동시에 두 가지를 할 수 있다.

정답 p.124➡

Day 25

MP3 듣기 ▶

---

shortage
[ʃɔ́ːrtidʒ]

몡 부족, 결핍
They are facing serious food and fuel shortages.
그들은 심각한 식량 및 연료 부족에 직면해 있다.

유 dearth
부족, 결핍

---

adore
[ədɔ́ːr]

동 ① 사모하다 ② 아주 좋아하다
I adored chocolate cake when I was young.
나는 어렸을 때 초콜릿 케이크를 아주 좋아했다.

---

fetch
[fetʃ]

동 ① 가지고[데리고] 오다 ② 낙찰되다
If you throw the ball, the dog will fetch it.
네가 공을 던지면 개가 그것을 가지고 올 것이다.

유 bring 가져오다

---

reference
[réfərəns]

몡 ① 언급 ② 참고, 참조 ③ 문의, 조회
You have to choose the reference to an image file.
당신은 이미지 파일에 대한 참조를 선택해야 한다.

---

colony
[káləni]

몡 ① 식민지 ② 식민지 거주민 ③ (동·식물의) 군집
colonial 혱 식민지의
This country was a former French colony.
이 국가는 이전에 프랑스 식민지였다.

---

cruel
[krú(ː)əl]

혱 잔인한, 잔혹한   **cruelty** 몡 잔인함
The cruel dictator lost his political power.
그 잔인한 독재자는 그의 정치적 권력을 잃었다.

유 brutal 잔인한

---

represent
[rèprizént]

동 ① 대표하다 ② 대변하다 ③ 나타내다, 표현하다
representative 몡 대표자
She represents the company in the overseas market.
그녀는 해외 시장에서 회사를 대표한다.

---

asset
[ǽset]

몡 ① 자산 ② 재산 ③ 장점, 이점
He was a great asset to his team.
그는 팀에 큰 자산이었다.

유 property
재산, 소유물

---

isolate
[áisəleit]

동 ① 고립시키다 ② 격리하다 ③ 분리하다
isolation 몡 고립; 격리; 분리
They are trying to isolate her from her friends.
그들은 그녀를 친구들로부터 격리하려고 하고 있다.

유 segregate
분리하다

---

displace
[displéis]

동 ① 추방하다 ② 옮기다 ③ 대신하다
The war has displaced millions of people.
전쟁은 수백만 명의 사람들을 추방시켰다.

---

bachelor
[bǽtʃələr]

몡 ① 미혼 남성 ② 학사 (학위)
My uncle remained a bachelor until he turned 50.
우리 삼촌은 50살이 될 때까지 미혼이었다.

corrupt
[kərʌ́pt]

휑 ① 타락한 ② 썩은, 부패한 됭 타락시키다
We were frustrated by the country's corrupt legal system.
우리는 국가의 부패한 사법 체계에 좌절감을 느꼈다.

유 immoral
부도덕한

feminine
[fémənin]

휑 여성적인, 여성스러운
Her clothes are very feminine.
그녀의 옷은 매우 여성스럽다.

반 masculine
남성적인

motivate
[móutəvèit]

됭 동기를 부여하다, 자극하다   motivation 몡 동기 부여, 자극
They knew how to motivate people.
그들은 사람들에게 동기 부여하는 법을 알았다.

유 inspire 고무하다

pesticide
[péstisàid]

몡 농약, 살충제
The pesticides that farmers spray on their crops kill pests.
농부들이 농작물에 뿌리는 살충제는 해충을 죽인다.

유 insecticide
살충제

proclaim
[prouklćim]

됭 선언하다, 공표하다
He proclaimed that he will run for governor.
그는 주지사에 출마할 거라고 선언했다.

유 declare
선포하다

upcoming
[ʌ́pkʌ̀miŋ]

휑 다가오는, 곧 일어나는
Upcoming events are posted on the board.
곧 있을 행사는 게시판에 게시된다.

유 forthcoming
다가오는

defect
[díːfekt]

몡 결점, 결함 됭 (국가·당·주의 등을) 버리다
They examined their products for defects.
그들은 결함이 있는지 제품을 조사했다.

유 flaw 결점, 흠

solitary
[sálitèri]

휑 ① 혼자의 ② 고립된 ③ 유일한
A solitary house stood on top of the hill.
외딴 집이 언덕 위에 있었다.

유 lone 혼자인

bundle
[bʌ́ndl]

몡 ① 묶음, 뭉치 ② 덩어리, 떼 ③ 보따리, 소포
She left several bundles of old newspapers for recycling.
그녀는 재활용을 위해 오래된 신문 몇 뭉치를 남겼다.

유 bunch 다발, 묶음

Exercise

A 주어진 단어의 뜻을 영어는 우리말로, 우리말은 영어로 쓰세요.

1	bachelor	_____	6	묶음, 덩어리, 소포	_____
2	proclaim	_____	7	언급, 참고, 조회	_____
3	pesticide	_____	8	가지고 오다	_____
4	cruel	_____	9	아주 좋아하다	_____
5	motivate	_____	10	혼자의, 고립된	_____

B 알맞은 단어를 넣어 주어진 어구를 완성하세요.

1	build a(n) _____	식민지를 건설하다	6	a minor _____	사소한 결점
2	_____ Korea	한국을 대표하다	7	_____ politicians	부패한 정치인
3	an invisible _____	무형의 자산	8	a(n) _____ look	여성스러운 외모
4	_____ a patient	환자를 격려하다	9	the _____ of water	물 부족
5	_____ furniture	가구를 옮기다	10	the _____ holiday	다가오는 휴일

C 알맞은 단어를 골라 문장을 완성하세요.

1 I threw the Frisbee and my dog (proclaimed / fetched) it.　　나는 프리스비를 던지고, 개는 그것을 가져왔다.

2 He made a (colony / reference) to the promise I made.　　그는 내가 했던 약속을 언급했다.

3 What (motivated / isolated) you to study astronomy?　　당신은 어떤 동기로 천문학을 공부했습니까?

4 Life seems very (feminine / cruel) in many parts of the world.　　세계의 많은 곳에서 삶은 매우 잔인한 것 같다.

5 He is an eligible (bachelor / asset).　　그는 근사한 신랑감이다.

정답 p.124➡

A 주어진 단어와 알맞은 뜻을 찾아 연결하세요.

1 diplomacy ·   · 제한하다   6 auction   ·   · 비범한
2 permanent ·   · 후보자   7 extraordinary ·   · 대표하다
3 restrict   ·   · 중세의   8 pessimistic   ·   · 추방하다
4 medieval   ·   · 영구적인   9 represent   ·   · 비관적인
5 candidate ·   · 외교(술)   10 displace   ·   · 경매

B 단어의 관계에 맞게 빈칸을 채우세요.

1 undergo : _____ = simulate : pretend   6 breed : _____ = insult : offend
2 _____ : border = courtesy : politeness   7 barren : fertile = _____ : definite
3 numerous : _____ = vacant : blank   8 analysis : _____ = input : output
4 _____ : forthcoming = enormous : vast   9 cultivate : _____ = expand : expansion
5 slim : slender = fatal : _____   10 sustain : _____ = exclude : exclusive

C 알맞은 단어를 넣어 문장을 완성하세요.

1 This mark _____ that the network is up.   이 표시는 네트워크가 작동 중임을 나타낸다.

2 A bus parked _____ my car.   버스 한 대가 내 차 옆에 주차했다.

3 He is under the _____ that he is a super hero. 그는 자신이 슈퍼 히어로라고 착각하고 있다.

4 All the students returned to their _____ homes. 모든 학생들은 각자의 집으로 돌아갔다.

5 The man _____ his innocence.   그 남자는 자신의 무죄를 선언했다.

정답 p.124➡

97

Vocabulary Plus

☐ **in the middle of**
～의 한가운데에
There is an apple **in the middle of** the table.
식탁 한가운데에 사과가 한 개 있다.

☐ **once in a while** 이따금씩
Once in a while, I go fishing with my dad.
이따금씩 나는 아버지와 낚시를 하러 간다.

☐ **out of order** 고장 난
My computer was **out of order**.
나의 컴퓨터는 고장 났다.

☐ **on and off** 때때로, 불규칙하게
It snowed **on and off** all day.
오늘 하루 종일 눈이 왔다 그쳤다를 반복했다.

☐ **on and on** 줄곧, 계속해서
Many cars are coming out of a parking lot **on and on**.
많은 차들이 주차장 밖으로 계속 나오고 있다.

☐ **on business** 업무로
My husband is going to Ulsan **on business** next week.
나의 남편은 다음 주 울산에 출장 갈 것이다.

☐ **on one's way** 도중에
Emma met Mr. Miller **on her way** home.
엠마는 집으로 가는 도중에 밀러 씨를 만났다.

☐ **on the other hand**
한편, 그와 반대로
I like soccer. **On the other hand**, she likes baseball.
나는 축구를 좋아한다. 그와 반대로, 그녀는 야구를 좋아한다.

☐ **once upon a time** 옛날에
Once upon a time, there lived a wise king.
옛날에, 현명한 왕이 살았다.

☐ **when it comes to** ～에 관한 한
When it comes to chess, no one is better than Jack.
체스에 관해서라면 아무도 잭을 능가하지 않는다.

Check-up Test

1 There is a book ＿＿＿＿＿＿ ＿＿＿＿＿＿ ＿＿＿＿＿＿ of the desk.
책상 한가운데에 책이 한 권 있다.

2 The elevator was ＿＿＿＿＿＿ ＿＿＿＿＿＿ ＿＿＿＿＿＿ yesterday.
어제 엘리베이터가 고장 났다.

3 Many people are coming out of the building ＿＿＿＿＿＿ ＿＿＿＿＿＿ ＿＿＿＿＿＿.
많은 사람들이 빌딩 밖으로 계속 나오고 있다.

4 Eric bought some snacks ＿＿＿＿＿＿ ＿＿＿＿＿＿ ＿＿＿＿＿＿ home.
에릭은 집으로 가는 길에 간식을 좀 샀다.

5 I like Korean food. ＿＿＿＿＿＿ ＿＿＿＿＿＿ ＿＿＿＿＿＿ ＿＿＿＿＿＿, my sister likes Mexican food.
나는 한국 음식을 좋아한다. 그와 반대로, 나의 여동생은 멕시코 음식을 좋아한다.

정답 p.125 ➡

Chapter 06

Day 26
~
Day 30

basin
[béisən]

몡 ① (강의) 유역 ② 분지 ③ 세면기
She is going to clean up the basin tonight.
그녀는 오늘밤 세면기를 청소할 예정이다.

---

tempt
[tempt]

동 유혹하다, 꾀다　temptation 몡 유혹
He tempted us to join the basketball club.
그는 우리에게 농구부에 들자고 꾀었다.

유 seduce
유혹하다

---

income
[ínkʌm]

몡 소득, 수입
What was the company's annual income?
회사의 연간 소득이 얼마였나요?

유 revenue
수입, 수익

---

endanger
[indéindʒər]

동 위험에 빠뜨리다　endangered 혱 멸종 위기의
The animal could endanger our children.
그 동물은 우리 아이들을 위험에 빠뜨릴 수 있었다.

유 imperil
위태롭게 하다

---

essence
[ésəns]

몡 ① 본질, 정수 ② (식물 등에서 추출한) 진액
essential 혱 본질적인
The essence of love is unselfishness.
사랑의 본질은 이타심이다.

---

fund
[fʌnd]

몡 자금, 기금 동 자금을 공급하다
This fund was established to aid the poor.
이 기금은 가난한 이들을 돕기 위해 조성되었다.

유 finance
자금을 대다

---

construct
[kənstrʌkt]

동 ① 건축하다, 건설하다 ② 구성하다
construction 몡 건축
The tunnel was constructed in 2016.
터널은 2016년에 건설되었다.

반 demolish
철거하다

---

remark
[rimáːrk]

몡 ① 말, 발언, 논평 ② 주목 동 언급하다
remarkable 혱 주목할 만한
The clerk was offended by the customer's remark.
점원은 고객의 말에 상처를 받았다.

유 comment
논평하다

---

astonish
[əstániʃ]

동 놀라게 하다　astonishing 혱 놀라운
What astonished me was that he wasn't present.
나를 놀라게 했던 것은 그가 참석하지 않았다는 점이다.

유 startle
놀라게 하다

---

offset
[ɔ́(ː)fsèt]

동 상쇄하다, 벌충하다 (offset - offset - offset) 몡 상쇄하는 것
Gains in one area offset losses in another.
한 지역에서 이득은 다른 곳에서의 손실로 상쇄된다.

---

division
[divíʒən]

[명] ① 분할 ② 경계선, 칸막이 ③ (조직의) 부, 국
divide [동] 나누다
The civil war led the **division** of the country.
내전은 그 나라의 분할로 이어졌다.

diagnose
[dáiəgnòus]

[동] ① (병을) 진단하다 ② (문제의 원인을) 규명하다
diagnosis [명] 진찰, 진단
This **injury** is hard to diagnose.
이 상처는 진단하기 어렵다.

sponsor
[spánsər]

[동] 후원하다 [명] ① 후원자 ② 보증인
The concert was **sponsored** by local businesses.
콘서트는 지역 기업체들의 후원을 받았다.

[유] support 지원하다

fertile
[fə́ːrtəl]

[형] ① 비옥한 ② 번식력 있는, 가임의
fertilize [동] (땅을) 기름지게 하다; 수정시키다
The corn grows in these **fertile** fields.
옥수수는 이 비옥한 들판에서 자란다.

[반] sterile 메마른

multiple
[mʌ́ltəpl]

[형] ① 많은, 다수의 ② 복합적인 ③ [수학] 배수의
multiply [동] 증식하다; 곱하다
James made **multiple** copies of the report.
제임스는 그 보고서의 여러 복사본을 만들었다.

pirate
[páiərət]

[명] ① 해적 ② 저작권 침해자 [동] (저작물을) 불법 복제하다
piracy [명] 저작권 침해, 표절
This software was **pirated**.
이 소프트웨어는 불법 복제되었다.

sewage
[súːidʒ]

[명] 하수, 오물
Raw **sewage** is being pumped into the sea.
처리되지 않은 하수가 바다에 버려지고 있다.

prosper
[práspər]

[동] 번영하다, 번창하다 **prosperity** [명] 번영, 번창
She hopes her business will **prosper**.
그녀는 자신의 사업이 번창하길 바란다.

[유] thrive 번성하다

troop
[truːp]

[명] ① 군대 ② 무리, 모임, 떼 [동] 떼를 지어 가다
They talked about a plan to withdraw **troops**.
그들은 군대를 철수시킬 계획에 대해 얘기했다.

wholesale
[hóulsèil]

[명] 도매 [형] 도매의
Is that price retail or **wholesale**?
저 가격은 소매인가요, 도매인가요?

[반] retail 소매

A 주어진 단어의 뜻을 영어는 우리말로, 우리말은 영어로 쓰세요.

1 sponsor _____

2 astonish _____

3 endanger _____

4 tempt _____

5 prosper _____

6 (강의) 유역, 분지 _____

7 건축하다, 구성하다 _____

8 분할, 경계선 _____

9 많은, 다수의 _____

10 해적, 저작권 침해자 _____

B 알맞은 단어를 넣어 주어진 어구를 완성하세요.

1 enhance one's _____   소득을 높이다

2 in _____   본질적으로

3 a pension _____   연금 기금

4 a witty _____   재치 있는 발언

5 _____ the heat   열을 상쇄하다

6 be _____ with cancer   암을 진단받다

7 _____ farmlands   비옥한 농토

8 _____ disposal   하수 처리

9 a(n) _____ of children   아이들의 한 무리

10 a(n) _____ dealer   도매상인

C 알맞은 단어를 골라 문장을 완성하세요.

1 The smell of the cookies (offset / tempted) me into trying some.   쿠키 냄새는 내가 몇 개 먹어보도록 유혹했다.

2 These whales are (funded / endangered) today.   이 고래들은 오늘날 멸종 위기에 처해 있다.

3 We learned about the process of cell (division / basin).   우리는 세포 분열 과정에 대해 배웠다.

4 I've been to Germany (prosper / multiple) times.   나는 독일에 여러 번 다녀왔다.

5 They were arrested for selling (pirate / remark) DVDs.   그들은 해적판 DVD 판매 혐의로 체포되었다.

정답 p.125 ➡

Day 27

MP3 듣기 ▶

fade
[feid]

동 ① 서서히 사라지다 ② 흐려지다 ③ 쇠퇴하다
The smile faded from her face.
그녀의 얼굴에서 웃음이 서서히 사라졌다.

verse
[vəːrs]

명 ① 시, 운문 ② (시·노래의) 절
His three verses are about his childhood.
그의 3개의 시는 자신의 어린 시절에 관한 내용이다.

반 prose 산문

notwithstanding
[nàtwiðstǽndiŋ]

전 ~에도 불구하고 부 그럼에도 불구하고
They will go notwithstanding the weather.
그들은 그 날씨에도 불구하고 갈 것이다.

유 nevertheless
그럼에도 불구하고

virtue
[və́ːrtʃuː]

명 ① 미덕, 선 ② 장점　**virtuous** 형 덕이 있는
We teach children the virtues of self-control.
우리는 아이들에게 자제의 미덕을 가르친다.

유 merit 장점

innovation
[ìnəvéiʃən]

명 혁신, 쇄신　**innovative** 형 혁신적인
Wireless Internet is the latest innovation in computer technology.
무선 인터넷은 컴퓨터 기술 분야의 최신 혁신이다.

consist
[kənsíst]

동 ① 구성하다(of) ② 존재하다(in) ③ 양립하다(with)
Breakfast consists of bread and a cup of tea.
아침은 빵과 차 한 잔으로 구성되어 있다.

유 compose
구성하다

punctual
[pʌ́ŋktʃuəl]

형 시간 약속을 잘 지키는　**punctuality** 명 시간 엄수
He thinks being punctual is the most important thing.
그는 시간을 잘 지키는 것이 가장 중요한 것이라고 생각한다.

반 tardy 지각하는

commission
[kəmíʃən]

명 ① 위원회 ② 수수료 ③ 위임, 위탁
He gets a commission for each car he sells.
그는 판매하는 차 한 대당 수수료를 받는다.

유 fee 수수료

ongoing
[ángòuiŋ]

형 진행 중인, 계속된
There is an ongoing debate over the issue.
그 문제에 대해 진행 중인 논쟁이 있다.

dominate
[dámənèit]

동 ① 지배하다, 통제하다 ② 우뚝 솟다 ③ 우세하다
domination 명 지배; 우세
Our company has dominated the market for years.
우리 회사는 수년 동안 시장을 지배했다.

유 govern 통치하다

diameter
[daiǽmitər]

Ⓜ 지름, 직경
What is the diameter of the circle?
그 원의 지름은 얼마인가요?

---

execute
[éksəkjù:t]

ⓥ ① 실행하다 ② 처형하다, 사형하다
execution Ⓜ 실행; 처형, 사형
She carefully executed the plan.
그녀는 조심스럽게 계획을 실행했다.

Ⓨ conduct
수행하다

---

flaw
[flɔ:]

Ⓜ ① 결점, 흠 ② 금, 균열　　**flawless** Ⓗ 결점 없는
There are serious flaws in your argument.
당신의 주장에는 심각한 결점이 있다.

---

navigate
[nǽvəgèit]

ⓥ ① 항해하다, 비행하다 ② 조종하다 ③ 돌아다니다
navigation Ⓜ 항해, 비행
The early sailors navigated by the stars.
옛날 뱃사람들은 별을 보고 항해를 했다.

---

poll
[poul]

Ⓜ ① 여론조사 ② 선거 ③ 투표(소)
The polls are open until 7 pm today.
투표는 오늘 오후 7시까지 한다.

Ⓨ election 선거

---

sensation
[senséiʃən]

Ⓜ ① 감각, 지각 ② 느낌, 기분 ③ 센세이션, 선풍적인 것
sensational Ⓗ 선풍적인; 선정적인
I felt a burning sensation in my throat.
내 목이 타는 느낌이 들었다.

---

provoke
[prəvóuk]

ⓥ ① 성나게 하다 ② 자극하다 ③ 선동하다
provocation Ⓜ 도발; 자극
The animal will not attack you unless it is provoked.
자극받지 않으면 그 동물은 당신을 공격하지 않을 것이다.

Ⓨ irritate
짜증나게 하다

---

trivial
[tríviəl]

Ⓗ 사소한, 하찮은
Compared to his problems, her problems seem trivial.
그의 문제와 비교해 보면 그녀의 문제는 사소해 보인다.

Ⓨ minor 사소한

---

estate
[istéit]

Ⓜ ① 재산, 유산 ② 사유지, 토지
Their estate is worth 100 million dollars.
그들의 토지는 1억 달러의 가치가 있다.

Ⓨ property
재산, 소유권

---

countless
[káuntlis]

Ⓗ 무수한, 매우 많은
I've heard countless arguments against this proposal.
이 제안에 대한 무수한 반론들을 들었다.

Ⓨ numerous
수많은

A 주어진 단어의 뜻을 영어는 우리말로, 우리말은 영어로 쓰세요.

1 diameter _____

2 punctual _____

3 consist _____

4 innovation _____

5 virtue _____

6 감각, 지각 _____

7 항해하다 _____

8 그럼에도 불구하고 _____

9 시, 운문 _____

10 서서히 사라지다 _____

B 알맞은 단어를 넣어 주어진 어구를 완성하세요.

1 real _____   부동산

2 work on _____   수수료를 받고 일하다

3 the _____ violence   계속되는 폭력

4 _____ the world   세계를 지배하다

5 _____ a command   명령을 실행하다

6 a(n) _____ in the crystal   크리스털의 금

7 an opinion _____   여론 조사

8 _____ an attack   공격을 유발하다

9 _____ matters   사소한 문제들

10 _____ times   셀 수 없이 여러 번

C 알맞은 단어를 골라 문장을 완성하세요.

1 Her writing had many (trivial / ongoing) mistakes.   그녀의 글에는 사소한 실수가 많았다.

2 This cereal (dominates / consists) of different grains.   이 시리얼은 다양한 곡물로 이루어져 있다.

3 Please be (punctual / countless) for meetings.   회의에 시간을 잘 지켜 주시기 바랍니다.

4 We want to (execute / navigate) around the museum.   우리는 박물관을 둘러보고 싶다.

5 The smile (faded / provoked) from her face.   그녀의 얼굴에서 미소가 점차 사라졌다.

정답 p.125➡

Day 28

MP3 듣기 ▶

ideology [àidiɑ́lədʒi]
[명] 이데올로기, 사상 **ideological** [형] 이데올로기의, 사상의
This is the dominant free-market **ideology** of the 20th century.
이것이 20세기의 지배적인 자유 시장 사상이다.

accountable [əkáuntəbl]
[형] ① 책임 있는 ② 설명할 수 있는
accountability [명] 책임, 의무
Politicians should be **accountable** to the public.
정치가들은 대중에게 책임을 다해야 한다.
[유] liable 책임 있는

tension [ténʃən]
[명] ① 긴장, 갈등 ② 팽팽함 **tense** [형] 긴장한; 팽팽한
Do you sense the **tension** between those two?
저들 둘 사이의 긴장을 느끼세요?
[유] strain 긴장

civil [sívəl]
[형] ① 시민의 ② (군대가 아닌) 민간의 ③ 예의 바른
The country now has a **civil** government.
그 나라는 이제 시민 정부를 갖고 있다.
[반] military 군사의

flourish [flə́ːriʃ]
[동] ① 번창하다 ② 잘 자라다
Plants **flourished** here millions of years ago.
수백만 년 전에 식물들이 이곳에서 번성했다.
[유] prosper 번영하다

lump [lʌmp]
[명] ① 덩어리 ② 혹
The child got a **lump** on his head.
아이는 머리에 혹이 생겼다.
[유] chunk 큰 덩어리

translate [trænsléit]
[동] ① 번역하다 ② 해석하다 ③ 옮기다, 바꾸다
translation [명] 번역; 통역
The novel has been **translated** into 15 languages.
그 소설은 15개 언어로 번역되었다.
[유] interpret 통역하다

contemporary [kəntémpərèri]
[형] ① 동시대의 ② 현대의 [명] 동시대 사람
We call them **contemporary** literature.
우리는 그것들을 현대 문학이라고 부른다.
[유] modern 현대의

institute [ínstitjùːt]
[명] 협회, 연구 기관 [동] ① (법 · 시스템을) 제정하다 ② 실시하다
Doctor Wang founded a research **institute**.
왕 박사는 연구 기관을 설립했다.

committee [kəmíti]
[명] 위원회
The finance **committee** controls the schools' budget.
재정 위원회는 학교 예산을 통제한다.
[유] council 위원회

onwards
[ánwərdz]

(부) ① (공간적으로) 앞으로 ② (시간적으로) ~부터
From then onwards, everything has changed.
그때부터 모든 것은 변했다.

---

consonant
[kánsənənt]

(명) [음성학] 자음 (형) ~과 일치하는

He pronounced each consonant and vowel precisely.
그는 각각의 자음과 모음을 정확히 발음했다.

(참) vowel 모음

---

dim
[dim]

(형) ① 어둑한 ② 희미한 (동) 흐릿하게 하다 희미해지다
We have a dim memory of her last visit.
우리는 그녀의 마지막 방문에 대해 희미한 기억을 갖고 있다.

---

excel
[iksél]

(동) 뛰어나다, 능가하다　excellence (명) 탁월; 장점
The student excels everyone else in sports.
그 학생은 스포츠에서 다른 모든 이들을 능가한다.

(유) surpass
~보다 낫다

---

portray
[pɔːrtréi]

(동) ① 그리다, 묘사하다 ② 나타내다 ③ (극중 배역을) 연기하다
portrait (명) 초상화
The man portrayed himself as a victim.
그 남자는 자신을 피해자로 묘사했다.

(유) depict 묘사하다

---

frontier
[frʌntíər]

(명) ① 국경 (지역) ② 한계, 극한 ③ 미개척 분야
They were sent to explore the northern frontier.
그들은 북쪽 국경을 개척하기 위해 보내졌다.

(유) border 국경

---

sarcastic
[saːrkǽstik]

(형) 비꼬는, 빈정대는　sarcasm (명) 비꼬기, 풍자
He made some sarcastic comment about my book.
그는 내 책에 관해 빈정대는 말을 했다.

(참) cynical 냉소적인

---

tremendous
[triméndəs]

(형) ① 엄청난, 대단한 ② 거대한
The result was a tremendous disappointment.
결과는 엄청나게 실망스러웠다.

(유) enormous
거대한

---

apparel
[əpǽrəl]

(명) 의복, 복장
We carry children's and women's apparel.
우리는 아동복과 여성복을 취급한다.

(유) attire 의상, 옷

---

nominate
[námənèit]

(동) ① 지명하다 ② 임명하다　nomination (명) 지명, 추천; 임명
She was nominated for the Player of the Year.
그녀는 올해의 선수로 지명되었다.

(유) designate
임명하다

A 주어진 단어의 뜻을 영어는 우리말로, 우리말은 영어로 쓰세요.

1 ideology _____

2 lump _____

3 committee _____

4 excel _____

5 apparel _____

6 책임 있는 _____

7 (공간적으로) 앞으로 _____

8 어둑한, 희미한 _____

9 번창하다, 잘 자라다 _____

10 국경, 한계, 극한 _____

B 알맞은 단어를 넣어 주어진 어구를 완성하세요.

1 release the _____ 긴장을 풀어주다

2 a(n) _____ rate 엄청난 속도

3 _____ Spanish 스페인어를 번역하다

4 _____ art 현대 미술

5 an educational _____ 교육 기관

6 _____ and vowels 자음과 모음

7 be _____ for an award 수상 후보에 오르다

8 _____ society 사회를 묘사하다

9 a(n) _____ remark 비꼬는 발언

10 _____ rights 시민권

C 알맞은 단어를 골라 문장을 완성하세요.

1 Richard (translates / excels) in foreign languages. 리처드는 외국어에 매우 뛰어나다.

2 The soldiers were moving (lump / onwards). 군인들은 전진하고 있었다.

3 There were a couple of (dim / civil) stars in the sky. 하늘에는 희미한 몇 개의 별이 있었다.

4 You should be (accountable / sarcastic) for your own decisions. 너는 자신의 결정에 책임을 져야 한다.

5 Businesses are (flourishing / nominating) in the country. 그 나라에서는 기업들이 번성하고 있다.

정답 p.125 ➡

kneel
[niːl]

(동) 무릎 꿇다 (kneel - knelt - knelt)
The mother was kneeling on the floor beside her child.
어머니는 아이 옆 바닥에 무릎을 꿇고 있었다.

---

motive
[móutiv]

(명) 동기, 이유
The motive for the attack is still unknown.
공격에 대한 동기는 아직 알려지지 않았다.

(유) incentive
동기, 유인

---

victim
[víktim]

(명) ① 희생자, 피해자 ② 제물
He fell victim to a rare disease.
그는 희귀병의 희생자가 되었다.

---

entitle
[intáitl]

(동) ① 제목을 붙이다 ② ~에게 자격을 주다
Membership entitles you to reduced tickets.
회원권으로 할인 티켓의 자격이 생긴다.

---

blade
[bleid]

(명) ① 칼날 ② 잎, 잎사귀
She saw the blade of the knife shine.
그녀는 칼의 날이 빛나는 걸 보았다.

---

welfare
[wélfɛ̀ər]

(명) ① 복지, 후생 ② 행복한 삶, 안녕
They are concerned about the child's welfare.
그들은 그 아이의 행복을 염려한다.

(유) well-being
행복, 안녕

---

considerable
[kənsídərəbl]

(형) (수량 · 규모 등이) 상당한   (부) considerably 상당히
We received a considerable number of complaints.
우리는 상당한 수의 불만들을 받았다.

---

intense
[inténs]

(형) ① 강렬한, 극심한 ② 열렬한
The work requires intense concentration.
그 일은 강렬한 집중을 요한다.

(반) moderate
적당한

---

commodity
[kəmádəti]

(명) ① 상품 ② 유용한 것
Oil is a commodity in high demand.
석유는 수요가 높은 상품이다.

(유) merchandise
상품

---

parameter
[pərǽmitər]

(명) ① 규정요인, 조건 ② 한도, 한계
You have to operate within the parameters of the budget.
당신은 예산의 한도 내에서 운영해야 한다.

(유) limit 한도, 한계

convene
[kənvíːn]

동 ① 소집하다 ② 모이다　　**convention** 명 회의, 협정; 관습
The meeting will **convene** in October.
그 모임은 10월에 소집될 것이다.

유 summon
소환하다

---

gracious
[gréiʃəs]

형 ① 친절한, 예의 바른 ② 우아한
Thank you for your **gracious** hospitality.
당신의 친절한 대접에 감사드립니다.

유 genial 상냥한

---

exaggerate
[igzǽdʒərèit]

동 과장하다　　**exaggeration** 명 과장
This book **exaggerated** his discovery.
이 책은 그의 발견을 과장했다.

유 overstate
과장하다

---

forefather
[fɔ́ːrfɑ̀ːðər]

명 조상, 선조
His **forefathers** bought this farm.
그의 선조들이 이 농장을 샀다.

유 ancestor 조상

---

notify
[nóutəfài]

동 통보하다, 알리다
Customers were **notified** of the changes in the shop.
고객들은 매장의 변화에 대해 통보를 받았다.

유 inform 알려주다

---

habitat
[hǽbitæt]

명 ① (동식물의) 서식지 ② 거주지
The bird is in danger of losing its natural **habitat**.
그 새는 자연 서식지를 잃을 위험에 처해 있다.

---

scar
[skɑːr]

명 ① 상처 ② 흉터　동 ① 상처를 내다 ② (마음에) 상처를 주다
She has a **scar** under her nose.
그녀는 코 아래에 상처가 있다.

---

savage
[sǽvidʒ]

형 ① 야생의 ② 야만적인 ③ 잔인한
The critic wrote a **savage** review of his movie.
그 비평가는 그의 영화에 대해 잔인한 비평을 썼다.

유 ferocious
사나운

---

tolerate
[tɑ́lərèit]

동 ① 참다, 견디다 ② 용인하다　　**toleration** 명 관용, 용인
I can't **tolerate** that noise anymore.
나는 더 이상 저 소음을 견딜 수가 없다.

유 endure 인내하다

---

abortion
[əbɔ́ːrʃən]

명 ① 낙태 ② 유산　　**abort** 동 낙태하다; 유산하다
Abortion is restricted in some American states.
낙태는 미국의 몇 개 주에서 제한된다.

유 miscarriage
유산

Exercise

A 주어진 단어의 뜻을 영어는 우리말로, 우리말은 영어로 쓰세요.

1 kneel _____

2 considerable _____

3 commodity _____

4 exaggerate _____

5 forefather _____

6 야생의, 잔인한 _____

7 상처 _____

8 친절한, 우아한 _____

9 조건, 한도, 한계 _____

10 칼날, 잎, 잎사귀 _____

B 알맞은 단어를 넣어 주어진 어구를 완성하세요.

1 the accident _____   사고 피해자

2 be _____ to enter   입장할 자격이 있다

3 a hidden _____   숨은 동기

4 be on _____   복지 수당을 받다

5 _____ pain   극심한 고통

6 _____ a meeting   회의를 소집하다

7 _____ the court   법원에 통지하다

8 a natural _____   자연 서식지

9 _____ differences   차이를 받아들이다

10 oppose _____   낙태를 반대하다

C 알맞은 단어를 골라 문장을 완성하세요.

1 He (entitled / knelt) down in front of the altar in order to pray.
그는 기도하기 위해 재단 앞에 무릎을 꿇었다.

2 They lost a(n) (considerable / intense) amount of money.
그들은 상당한 액수의 돈을 잃었다.

3 (Savage / Commodity) prices went up sharply.
물가가 급격히 올랐다.

4 You don't have to (notify / exaggerate) your past.
당신의 과거를 과장할 필요는 없다.

5 The battle left (scars / motives) on his back.
그 전투는 그의 등에 상처를 남겼다.

정답 p.125 ➡

Day 30

MP3 듣기 ▶

massive
[mǽsiv]
형 ① 대규모의 ② 거대한, 막대한
massively 부 대량으로; 대규모로
He showed a **massive** collection of baseball cards.
그는 엄청나게 많이 모은 야구 카드를 보여 주었다.

cease
[si:s]
동 멈추다, 끝내다
The factory **ceased** operations last month.
공장은 지난달에 가동을 멈추었다.
반 persist 계속되다

acquire
[əkwáiər]
동 ① 획득하다, 입수하다 ② 습득하다
acquisition 명 취득; 습득
The team **acquired** four new players this year.
그 팀은 올해 4명의 새로운 선수들이 생겼다.
유 gain 얻다

inevitable
[inévitəbl]
형 ① 불가피한 ② 필연적인
War now seems **inevitable**.
전쟁은 이제 불가피해 보인다.
유 unavoidable
불가피한

refine
[rifáin]
동 ① 정제하다 ② 세련되게 하다
They have **refined** the new system since it was launched.
그들은 새로운 시스템을 출시한 이후로 그것을 다듬었다.

anticipate
[æntísəpèit]
동 ① 기대하다 ② 예상하다, 예견하다
anticipation 명 기대; 예상
We **anticipate** that the river level will rise.
우리는 강 수위가 올라갈 것으로 기대한다.
유 expect 예상하다

contrary
[kántreri]
형 ① 정반대의 ② (날씨 등이) 불리한
The introduction of the tax would be **contrary** to our policy.
그 세금의 도입은 우리 정책에 반하는 것이다.
유 opposite
정반대의

interfere
[ìntərfíər]
동 ① 방해하다 ② 간섭하다 ③ 중재하다
His mother has the right to **interfere** in his affairs.
그의 어머니는 그의 문제에 간섭할 권리가 있다.
유 intervene
개입하다

component
[kəmpóunənt]
명 부품, 구성요소 형 구성하는
She sells the **components** of an electric circuit.
그녀는 전기 회로의 부품을 판다.
유 element
요소, 성분

precise
[prisáis]
형 ① 정확한, 정밀한 ② 꼼꼼한   **precisely** 부 정확히
I can't discover its **precise** meaning.
나는 그것의 정확한 의미를 발견할 수 없다.
유 exact 정확한

converse [kənvə́:rs]
[동] 대화하다 [명] (the ~) 반대편의 것, 역 [형] 반대편의, 거꾸로
They often **converse** in French at school.
그들은 학교에서 가끔 프랑스어로 대화한다.

disorder [disɔ́:rdər]
[명] ① 무질서, 혼란 ② 장애, 이상
The whole office was in a state of **disorder**.
사무실 전체가 무질서의 상태였다.
[유] confusion 혼란, 혼동

eternal [i(:)tə́:rnəl]
[형] 영원한, 지속적인 **eternity** [명] 영원
Plato believed in **eternal** truths.
플라톤은 영원한 진리를 믿었다.
[유] permanent 영구적인

foster [fɔ́(:)stər]
[동] ① 촉진하다, 육성하다 ② (수양부모로서) 양육하다
They consider **fostering** a child.
그들은 아이를 입양해서 양육하는 것을 생각 중이다.

rehearse [rihə́:rs]
[동] ① (공연 등을) 리허설하다, 예행연습하다 ② 자세히 말하다
rehearsal [명] 리허설, 예행연습
She **rehearsed** her dance moves in front of the mirror.
그녀는 거울 앞에서 춤 동작을 연습했다.

pregnant [prégnənt]
[형] ① 임신한 ② ~으로 가득 찬, 풍부한
pregnancy [명] 임신
She got **pregnant** soon after her marriage.
그녀는 결혼 후에 곧 임신했다.

revive [riváiv]
[동] ① 회복시키다 ② 부활시키다 **revival** [명] 회복; 부활; 재상연
The government is trying to **revive** the economy.
정부는 경제를 회복시키려고 한다.
[유] restore 회복시키다

starve [stɑ:rv]
[동] ① 굶주리다, 굶어 죽다[죽게 하다] ② ~을 몹시 원하다
starvation [명] 기아, 굶주림
It was clear that the dog had been **starved**.
개가 굶어 죽었음에 틀림없다.

tenant [ténənt]
[명] 세입자, 임차인
The laundry in the basement is for **tenants** only.
지하의 세탁실은 세입자만 이용 가능하다.
[유] occupant 임차인

wilderness [wíldərnis]
[명] ① 황야, 황무지 ② 대자연
Alaska is the last great **wilderness**.
알래스카는 마지막 남은 위대한 황무지이다.
[유] wasteland 황무지

A 주어진 단어의 뜻을 영어는 우리말로, 우리말은 영어로 쓰세요.

1 cease   _____

2 eternal   _____

3 tenant   _____

4 wilderness   _____

5 refine   _____

6 정반대의   _____

7 부품, 구성요소   _____

8 대화하다, 반대편의   _____

9 리허설하다   _____

10 회복시키다   _____

B 알맞은 단어를 넣어 주어진 어구를 완성하세요.

1 a(n) _____ increase   엄청나게 큰 증가

2 _____ a language   언어를 습득하다

3 _____ in one's private life   사생활에 참견하다

4 _____ problems   문제를 예상하다

5 a(n) _____ location   정확한 위치

6 an eating _____   섭식 장애

7 _____ global leaders   글로벌 리더를 육성하다

8 be _____ with twins   쌍둥이를 임신하다

9 _____ to death   굶어 죽다

10 _____ results   불가피한 결과

C 알맞은 단어를 골라 문장을 완성하세요.

1 The company (starved / ceased) trading in September.   그 회사는 9월에 거래를 멈추었다.

2 Crude oil is (refined / fostered) to be used.   원유는 사용되기 위해서는 정제되어야 한다.

3 The company sells electronic (tenants / components).   그 회사는 전자 부품을 판매한다.

4 The two people were (conversing / anticipating) quietly.   두 사람은 조용히 대화를 나누고 있었다.

5 The movie (interfered / revived) my childhood memories.   그 영화는 나의 어린 시절 추억을 되살렸다.

정답 p.126 ➡

A 주어진 단어와 알맞은 뜻을 찾아 연결하세요.

1 essence •   • 진단하다   6 tremendous •   • 견디다

2 dominate •   • 자극하다   7 victim •   • 엄청난

3 provoke •   • 지명하다   8 acquire •   • 간섭하다

4 nominate •   • 지배하다   9 interfere •   • 습득하다

5 diagnose •   • 본질, 정수   10 tolerate •   • 희생자

B 단어의 관계에 맞게 빈칸을 채우세요.

1 _____ : tardy = intense : moderate   6 _____ : ancestor = welfare : well-being

2 cease : persist = construct : _____   7 starve : _____ = rehearse : rehearsal

3 income : _____ = apparel : attire   8 precise : precisely = considerable : _____

4 astonish : startle = _____ : depict   9 accountable : _____ = virtuous : virtue

5 savage : _____ = trivial : minor   10 multiple : multiply = _____ : endanger

C 알맞은 단어를 넣어 문장을 완성하세요.

1 They _____ a new bridge over the river.   그들은 강 위에 새 다리를 건설했다.

2 _____ can mean many different things.   혁신은 여러 다른 것들을 의미할 수 있다.

3 The leader adheres to the old-fashioned _____.   그 지도자는 낡은 이데올로기를 고수한다.

4 They _____ 10 children around the world.   그들은 세계의 10명의 아이들을 후원한다.

5 It is hard to _____ this Japanese book.   이 일본어 책은 번역하기 어렵다.

정답 p.126 ➡

Vocabulary Plus

☐ **ahead of** ~의 앞에
My uncle finished the work **ahead of** schedule.
나의 삼촌은 일정보다 먼저 일을 끝냈다.

☐ **at dawn** 새벽에
Daniel will leave **at dawn**.
다니엘은 새벽에 떠날 것이다.

☐ **at once** 즉시, 동시에
Press the two buttons **at once**.
두 버튼을 동시에 눌러라.

☐ **at that time** 그 당시에는
I was only 10 years old **at that time**.
그 당시에 나는 겨우 10살이었다.

☐ **before long** 머지않아
Betty will get married **before long**.
베티는 머지않아 결혼할 것이다.

☐ **by chance** 우연히
Luna met Mr. Black **by chance**.
루나는 우연히 블랙 씨를 만났다.

☐ **first of all** 우선 첫째로, 무엇보다 먼저
First of all, we have to reschedule our meeting.
우선, 우리는 회의 일정을 다시 잡아야 한다.

☐ **from now on** 앞으로, 지금(이제)부터
From now on, I will always tell you the truth.
지금부터, 나는 너에게 진실만을 말할 것이다.

☐ **in addition to** ~뿐만 아니라, ~외에도
In addition to tennis, Adam is good at badminton.
아담은 테니스뿐만 아니라, 배드민턴도 잘 친다.

☐ **as long as** ~하는 한, ~하기만 하면
We can go to the zoo **as long as** you have time.
네가 시간이 있기만 하면 우리는 동물원에 갈 수 있다.

✎ Check-up Test

1 My father will buy a new watch _____ _____.
나의 아버지께서는 머지않아 새 시계를 사실 것이다.

2 _____ _____ _____, we need to order some food.
우선, 우리는 음식을 좀 주문해야 한다.

3 I saw Mr. Moor at the mall _____ _____.
나는 쇼핑몰에서 무어 씨를 우연히 봤다.

4 _____ _____ _____ you follow the rules, you can stay here.
당신이 규칙을 따른다면 여기 있어도 좋다.

5 Peter is good at doing several things _____ _____.
피터는 한 번에 여러 가지 일을 하는 데 능숙하다.

정답 p.126 ➡

Answers

Answers 정답

Chapter 01

Day 01 Exercise p.12

A

1 참석, 면전   2 배우자
3 추적하다, 유래하다, 흔적   4 자녀, 새끼
5 일치하다, 따르다   6 negotiate
7 bankrupt   8 assist
9 oriental   10 yearn

B

1 fundamental   2 digest
3 desperate   4 deeds
5 striking   6 abolish
7 abandon   8 prejudice
9 breed   10 loan

C

1 conform   2 presence
3 yearning   4 abandon
5 bankrupt

Day 02 Exercise p.15

A

1 고통   2 지방, 주, 분야, 영역
3 슬픔, 애도   4 분명한, 명백한, 뻔한
5 국회, 의회, 회의   6 discourage
7 disable   8 enclose
9 associate   10 presume

B

1 deliberate   2 moderate
3 alternative   4 previous
5 insight   6 devise
7 overhear   8 stubborn
9 contaminate   10 moist

C

1 disabled   2 associate
3 enclosed   4 obvious
5 agonies

Day 03 Exercise p.18

A

1 우수한, 상급의   2 기계류, 기구, 조직
3 우주, 코스모스   4 금지하다, 방해하다

5 절차, 과정, 방법   6 brutal
7 assume   8 portion
9 nonetheless   10 jury

B

1 capacity   2 ensure
3 output   4 formula
5 conservative   6 overlook
7 bruise   8 alert
9 reception   10 sophisticated

C

1 jury   2 assumed
3 cosmos   4 machinery
5 superior

Day 04 Exercise p.21

A

1 동맹(국), ~와 동맹하다   2 초기의, 첫 글자
3 포장도로, 인도   4 (저녁) 식사를 하다
5 없애다, 탈락시키다   6 tribute
7 boast   8 finance
9 constitute   10 eclipse

B

1 maintenance   2 lodge
3 cherish   4 atmosphere
5 protest   6 prompt
7 solemn   8 legend
9 customize   10 penalty

C

1 eliminated   2 boast
3 initial   4 constitute
5 tribute

Day 05 Exercise p.24

A

1 전망, 경치, 견해   2 감정에 따른, 감상적인
3 지속하다, 고집하다   4 겸손한, 적당한
5 전망, 가능성   6 qualify
7 inherit   8 exhale
9 diminish   10 convention

B

1 pinch   2 authority
3 interior   4 complicated

5 ecology   6 pedestrian
7 underline   8 awaken
9 faint   10 certificate
C
1 qualify   2 persists
3 diminished   4 inherited
5 sentimental

Day 01~05   **Review Test**   p.25

A
1 폐지하다   2 소화하다
3 의도적인   4 대안, 대체
5 능력, 용량   6 간과하다
7 숙박하다   8 대기, 공기
9 증서   10 복잡한
B
1 bias   2 hopeless
3 yearn   4 discourage
5 following   6 persist
7 ecological   8 legendary
9 stubbornly   10 customization
C
1 trace   2 presume
3 prohibited   4 finance
5 prospect

Day 01~05   **Vocabulary Plus**   p.26

Check-up Test
1 came, across   2 looks, up, to
3 take, over   4 come, by
5 come, about

Chapter 02

Day 06   **Exercise**   p.30

A
1 담배, 궐련   2 회의, 회기, 기간, 시간
3 전반적으로, 종합적인   4 초과하다, 능가하다
5 파괴하다, 부수다   6 mature

7 adolescence   8 indifferent
9 sensible   10 coordinate
B
1 sacrifice   2 enforce
3 regulate   4 automatic
5 Protocol   6 expelled
7 employment   8 peer
9 verbal   10 anonymous
C
1 demolished   2 sensible
3 exceeding   4 mature
5 coordinates

Day 07   **Exercise**   p.33

A
1 현상, 사건   2 모순되다, 부정하다
3 도표, 도식, 도형   4 열정, 열광
5 기강, 규율, 훈련   6 tap
7 furnish   8 command
9 ritual   10 fabulous
B
1 federal   2 nerve
3 administer   4 shift
5 hostile   6 remedy
7 plagued   8 viewpoint
9 invaluable   10 appliance
C
1 furnished   2 phenomenon
3 command   4 contradicts
5 discipline

Day 08   **Exercise**   p.36

A
1 변호사   2 호화로운, 매우 매력적인
3 회의적인, 의심하는   4 특이한, 특유한
5 인용하다, 견적하다   6 enterprise
7 potential   8 comment
9 cruise   10 erupt
B
1 valid   2 reform
3 wage   4 distinct
5 controversy   6 hospitality

7 reputation   8 ridiculous

9 preview   10 volcano

C

1 quotes   2 potential

3 erupted   4 skeptical

5 gorgeous

Day 09   Exercise   p.39

A

1 천문학   2 ~와 닮다, 유사하다

3 시각의, 눈에 보이는   4 광대한, 거대한, 방대한

5 관련 있는, 적절한   6 absorb

7 tendency   8 distribute

9 daydream   10 await

B

1 cope   2 ethic

3 resolve   4 fierce

5 satire   6 privilege

7 exotic   8 gloomy

9 handicap   10 commit

C

1 absorbs   2 tendency

3 relevant   4 distributes

5 resembles

Day 10   Exercise   p.42

A

1 미끼, 먹이   2 지속 기간

3 굶주림, 기아   4 기업의, 법인의

5 지리학, 지형   6 carriage

7 ministry   8 trend

9 companion   10 dreadful

B

1 abstract   2 urgent

3 burden   4 domestic

5 foundation   6 bizarre

7 deposit   8 prose

9 edible   10 cosmetic

C

1 companion   2 famine

3 geography   4 duration

5 bait

Day 06~10   Review Test   p.43

A

1 집행하다   2 매우 귀중한

3 실시하다   4 말도 안 되는

5 의례   6 명성, 평판

7 윤리, 도덕   8 기초, 재단

9 퇴적시키다   10 특권

B

1 anonymous   2 control

3 furnish   4 standpoint

5 contradiction   6 concrete

7 hostile   8 automatically

9 irrelevant   10 controversial

C

1 indifferent   2 enthusiasm

3 peculiar   4 daydreaming

5 dreadful

Day 06~10   Vocabulary Plus   p.44

Check-up Test

1 graduated, from   2 suffering, from

3 turned, into   4 dealing, with

5 result, in

Chapter 03

Day 11   Exercise   p.48

A

1 코를 골다   2 유산, 유물

3 비교, 비유   4 골칫거리, 성가신 사람[것]

5 통, 배럴, 한 통의 양   6 emerge

7 descend   8 rod

9 plaster   10 humanity

B

1 accused   2 injure

3 widespread   4 reveal

5 crucial   6 enlarge

7 era   8 blink

9 nurture   10 premature

C

1 emerged
2 plaster
3 humanity
4 Snoring
5 legacy

Day 12 Exercise
p.51

A

1 흐느끼며 울다[말하다]
2 썩다, 부패하다, 부패
3 교육 과정, 커리큘럼
4 아첨하다, 돋보이게 하다
5 금지하다
6 prevail
7 straightforward
8 revenge
9 bond
10 dare

B

1 grease
2 outcome
3 sin
4 conduct
5 apparent
6 lease
7 equality
8 brisk
9 herd
10 obligation

C

1 forbids
2 flatters
3 revenged
4 rot
5 prevail

Day 13 Exercise
p.54

A

1 속어, 은어
2 냄새, 악취
3 박수를 보내다, 칭찬하다
4 회의, 회담
5 기반 시설, 사회 간접 자본
6 holy
7 chamber
8 rob
9 bureau
10 hazard

B

1 significant
2 curse
3 scenario
4 enroll
5 soothe
6 primitive
7 leak
8 excess
9 genuine
10 perspective

C

1 infrastructure
2 conference
3 robbed
4 hazard
5 applauded

Day 14 Exercise
p.57

A

1 훌륭한, 최고의
2 투옥하다, 구속하다
3 출판, 발행, 출판물
4 명기하다, 구체화하다
5 논리, 논리학
6 inspect
7 splendid
8 equate
9 orbit
10 occupy

B

1 identical
2 impose
3 weave
4 confess
5 habitual
6 harsh
7 sparkle
8 refuge
9 endure
10 budget

C

1 orbit
2 imprisoned
3 inspect
4 occupied
5 equate

Day 15 Exercise
p.60

A

1 ~에 상관없이
2 유명인사, 연예인
3 유사, 비유, 유추
4 얕은, 얄팍한, 피상적인
5 안정된, 지속적인
6 speculate
7 approve
8 irritate
9 liberal
10 accommodate

B

1 justice
2 circumstance
3 supernatural
4 relief
5 confidence
6 spite
7 executive
8 handy
9 emit
10 outbreak

C

1 shallow
2 approved
3 irritate
4 accommodate
5 analogy

Day 11~15 Review Test
p.61

A

1 너무 이른
2 수행하다
3 견해, 관점
4 임대하다
5 확대하다
6 완화하다
7 부과하다
8 습관적인
9 방출하다
10 상황, 환경

B

1 nurture	2 consequence
3 genuine	4 straightforward
5 reveal	6 obscure
7 hazardous	8 robbery
9 endure	10 inspection

C

1 comparison	2 sob
3 significant	4 Specify
5 celebrity	

Day 11~15 Vocabulary Plus p.62

Check-up Test

1 pay, for	2 get, rid, of
3 running, out, of	4 made, it
5 make, out	

Chapter 04

Day 16 Exercise p.66

A

1 자극하다, 고무시키다	2 슬퍼하다, 애도하다
3 존재, 실재, 생활, 생계	4 비난하다, 비판하다
5 다소, 약간	6 mere
7 vital	8 contribute
9 elaborate	10 invade

B

1 temper	2 affair
3 stain	4 split
5 chronic	6 outdated
7 innate	8 territory
9 collapse	10 neglect

C

1 contributed	2 vital
3 elaborate	4 invaded
5 criticize	

Day 17 Exercise p.69

A

1 얻다, 획득하다	2 끌다, 끌어당기다
3 통계 수치, 통계 자료	4 협력하다, 협동하다
5 거주하다, 살다	6 stun
7 resent	8 overdue
9 chronicle	10 immediate

B

1 expenditure	2 ethnic
3 confirm	4 therapy
5 burst	6 glance
7 instinct	8 steady
9 acid	10 bulk

C

1 obtained	2 cooperated
3 dwelling	4 resented
5 immediate	

Day 18 Exercise p.72

A

1 저수지, 저장소, 저장	2 유전자
3 소형의, 꽉 찬, 조밀한	4 타고난, 고유의
5 강화하다, 향상시키다	6 panel
7 scrape	8 cite
9 stem	10 overtake

B

1 evaluate	2 conscience
3 dramatic	4 stiff
5 extensive	6 destruction
7 install	8 durable
9 subscribe	10 treaty

C

1 enhance	2 inherent
3 compact	4 overtaken
5 stem	

Day 19 Exercise p.75

A

1 마찬가지로, 또한	2 거꾸로 된, 정반대, 뒤바꾸다
3 억제하다, 금지하다	4 고통, 걱정, 괴롭히다
5 ~에 살다, 거주하다	6 lord
7 dynamic	8 blast
9 gaze	10 overwhelm

B

1 veil   2 mutual
3 conscious   4 strategy
5 stock   6 injected
7 compromise   8 vice
9 radical   10 supervise

C

1 reversed   2 inhibited
3 distress   4 gazing
5 overwhelmed

C

1 existence   2 overdue
3 cite   4 resides
5 psychology

Check-up Test

1 was, about, to   2 am, supposed, to
3 is, familiar, with   4 earn, his, living
5 gave, big, hand

Day 20 Exercise   p.78

A

1 놀리다, 괴롭히다   2 심리, 심리학
3 애쓰는, 공들인, 고심한   4 소매, 소매의
5 자율성, 자치권   6 indispensable
7 substance   8 platform
9 tin   10 illustrate

B

1 mill   2 flesh
3 surrender   4 consequence
5 substitute   6 extracted
7 beloved   8 dispute
9 publicity   10 fulfill

C

1 platform   2 indispensable
3 autonomy   4 substance
5 illustrated

Chapter 05

Day 21 Exercise   p.84

A

1 가리키다, 나타내다   2 은퇴하다, 철수하다
3 동정, 공감   4 요리, 조리법
5 애국자   6 deceit
7 manuscript   8 expire
9 conclude   10 simulate

B

1 undergo   2 bias
3 permanent   4 voluntary
5 supplement   6 cultivate
7 recipient   8 invoke
9 smash   10 diplomacy

C

1 simulates   2 expired
3 sympathy   4 concluded
5 retired

Day 16~20 Review Test   p.79

A

1 확인하다   2 본능
3 문제, 일   4 붕괴하다
5 양심   6 구독하다
7 의식하는   8 타협하다
9 결과   10 이행하다

B

1 disregard   2 therapy
3 cherished   4 immediate
5 destruction   6 intensive
7 radically   8 gene
9 enhancement   10 obtainable

Day 22 Exercise   p.87

A

1 레크리에이션, 오락   2 창고
3 밝히다, 명확히 하다   4 제외하다, 차단하다
5 팔다리, (나무의) 큰 가지   6 abuse
7 alongside   8 witness
9 interact   10 forthcoming

B

1 boundary   2 weep
3 restrict   4 deduce
5 courtesy   6 sustain
7 fabric   8 medieval
9 peak   10 slender

C

1 exclude   2 witness
3 illuminated   4 abusing
5 interact

Day 23 Exercise   p.90

A

1 도둑, 강도   2 맹세, 서약, 맹세하다
3 환상, 착각, 오해   4 작별
5 분석, 분해   6 mechanism
7 numerous   8 expand
9 interval   10 approximate

B

1 candidate   2 definite
3 input   4 resign
5 wrecked   6 decent
7 auction   8 misuse
9 slam   10 peninsula

C

1 expanded   2 approximate
3 burglar   4 vow
5 analysis

Day 24 Exercise   p.93

A

1 바치다, 헌신하다   2 윤곽, 개요, 요약하다
3 각각의, 각자의   4 조사하다, 연구하다
5 순간적인, 찰나의   6 reproduce
7 offend   8 counsel
9 simultaneously   10 phase

B

1 extraordinary   2 assembly
3 behalf   4 fatal
5 pessimistic   6 vacant
7 barren   8 transition
9 efficiency   10 enormous

C

1 outlines   2 reproduce
3 investigating   4 dedicated
5 simultaneously

Day 25 Exercise   p.96

A

1 미혼 남성, 학사 (학위)   2 선언하다, 공표하다
3 농약, 살충제   4 잔인한, 잔혹한
5 동기를 부여하다   6 bundle
7 reference   8 fetch
9 adore   10 solitary

B

1 colony   2 represent
3 asset   4 isolate
5 displace   6 defect
7 corrupt   8 feminine
9 shortage   10 upcoming

C

1 fetched   2 reference
3 motivated   4 cruel
5 bachelor

Day 21~25 Review Test   p.97

A

1 외교(술)   2 영구적인
3 제한하다   4 중세의
5 후보자   6 경매
7 비범한   8 비관적인
9 대표하다   10 추방하다

B

1 experience   2 boundary
3 countless   4 upcoming
5 deadly   6 reproduce
7 indefinite   8 synthesis
9 cultivation   10 sustainable

C

1 indicates   2 alongside
3 illusion   4 respective
5 proclaimed

Check-up Test

1 in, the, middle   2 out, of, order
3 on, and, on   4 on, his, way
5 On, the, other, hand

Chapter 06

Day 26 Exercise   p.102

A

1 후원하다, 후원자   2 놀라게 하다
3 위험에 빠뜨리다   4 유혹하다, 꾀다
5 번영하다, 번창하다   6 basin
7 construct   8 division
9 multiple   10 pirate

B

1 income   2 essence
3 fund   4 remark
5 offset   6 diagnosed
7 fertile   8 sewage
9 troop   10 wholesale

C

1 tempted   2 endangered
3 division   4 multiple
5 pirate

Day 27 Exercise   p.105

A

1 지름, 직경   2 시간 약속을 잘 지키는
3 구성하다, 존재하다   4 혁신, 쇄신
5 미덕, 선, 장점   6 sensation
7 navigate   8 notwithstanding
9 verse   10 fade

B

1 estate   2 commission
3 ongoing   4 dominate
5 execute   6 flaw
7 poll   8 provoke
9 trivial   10 countless

C

1 trivial   2 consists
3 punctual   4 navigate
5 faded

Day 28 Exercise   p.108

A

1 이데올로기, 사상   2 덩어리, 혹
3 위원회   4 뛰어나다, 능가하다
5 의복, 복장   6 accountable
7 onwards   8 dim
9 flourish   10 frontier

B

1 tension   2 tremendous
3 translate   4 contemporary
5 institute   6 consonants
7 nominated   8 portray
9 sarcastic   10 civil

C

1 excels   2 onwards
3 dim   4 accountable
5 flourishing

Day 29 Exercise   p.111

A

1 무릎 꿇다   2 (수량·규모 등이) 상당한
3 상품, 유용한 것   4 과장하다
5 조상, 선조   6 savage
7 scar   8 gracious
9 parameter   10 blade

B

1 victim   2 entitled
3 motive   4 welfare
5 intense   6 convene
7 notify   8 habitat
9 tolerate   10 abortion

C

1 knelt   2 considerable
3 Commodity   4 exaggerate
5 scars

Day 30 Exercise p.114

A

1 멈추다, 끝내다   2 영원한, 지속적인

3 세입자, 임차인   4 황야, 황무지, 대자연

5 정제하다, 세련되게 하다   6 contrary

7 component   8 converse

9 rehearse   10 revive

B

1 massive   2 acquire

3 interfere   4 anticipate

5 precise   6 disorder

7 foster   8 pregnant

9 starve   10 inevitable

C

1 ceased   2 refined

3 components   4 conversing

5 revived

Day 26~30 Review Test p.115

A

1 본질, 정수   2 지배하다

3 자극하다   4 지명하다

5 진단하다   6 엄청난

7 희생자   8 습득하다

9 간섭하다   10 견디다

B

1 punctual   2 demolish

3 revenue   4 portray

5 ferocious   6 forefather

7 starvation   8 considerably

9 accountability   10 endangered

C

1 constructed   2 Innovation

3 ideology   4 sponsor

5 translate

Day 26~30 Vocabulary Plus p.116

Check-up Test

1 before, long   2 First, of, all

3 by, chance   4 As, long, as

5 at, once

Index

Index

A

abandon	10
abolish	11
abortion	110
absorb	37
abstract	40
abuse	85
accommodate	58
accountable	106
accuse	46
acid	67
acquire	112
administer	31
adolescence	29
adore	94
affair	64
agony	14
alert	17
ally	20
alongside	85
alternative	13
analogy	58
analysis	88
anonymous	29
anticipate	112
apparel	107
apparent	49
applaud	53
appliance	32
approve	59
approximate	88
assembly	91
asset	94
assist	10
associate	13
assume	16
astonish	100
astronomy	38
atmosphere	19
attorney	34
auction	89
authority	22
automatic	28
autonomy	77
await	38
awaken	23

B

bachelor	95
bait	41
bankrupt	11
barrel	46
barren	92
basin	100
behalf	92
beloved	77
bias	82
bizarre	41
blade	109
blast	74
blink	47
boast	19
bond	49
boundary	85
breed	10
brisk	50
bruise	17
brutal	17
budget	55
bulk	67
bundle	95
burden	40
bureau	53
burglar	89
burst	67

C

candidate	88
capacity	16
carriage	40
cease	112
celebrity	59
certificate	22
chamber	52
cherish	20
chronic	65
chronicle	68
cigarette	29
circumstance	58
cite	70
civil	106
collapse	64

colony	94
command	32
comment	34
commission	103
commit	37
committee	106
commodity	109
compact	71
companion	40
comparison	46
complicated	23
component	112
compromise	74
conclude	82
conduct	49
conference	52
confess	55
confidence	58
confirm	67
conform	10
congress	13
conscience	70
conscious	74
consequence	76
conservative	17
considerable	109
consist	103
consonant	107
constitute	19
construct	100
contaminate	14
contemporary	106
contradict	31
contrary	112
contribute	65
controversy	35
convene	110
convention	22
converse	113
cooperate	68
coordinate	28
cope	37
corporate	41
corrupt	95
cosmetic	40
cosmos	17

counsel	92	distress	74	exaggerate	110		
countless	104	distribute	38	exceed	28		
courtesy	85	division	101	excel	107		
criticize	64	domestic	40	excess	52		
crucial	46	dominate	103	exclude	86		
cruel	94	drag	67	execute	104		
cruise	35	dramatic	70	executive	59		
cuisine	83	dreadful	40	exhale	23		
cultivate	82	durable	71	existence	65		
curriculum	49	duration	41	exotic	38		
curse	52	dwell	68	expand	89		
customize	20	dynamic	73	expel	29		
				expenditure	67		
				expire	83		

D

dare	49		extensive	70	
			extract	77	
daydream	38		extraordinary	91	

D

dare	49
daydream	38
deceit	83
decent	89
dedicate	92
deduce	85
deed	10
defect	95
definite	88
deliberate	13
demolish	29
deposit	41
descend	46
desperate	11
destruction	71
devise	14
diagnose	101
diagram	32
diameter	104
digest	11
dim	107
diminish	22
dine	20
diplomacy	83
disable	14
discipline	31
discourage	13
disorder	113
displace	94
dispute	77
distinct	34

E

eclipse	20
ecology	23
edible	41
efficiency	91
elaborate	65
eliminate	19
emerge	46
emit	59
employment	28
enclose	13
endanger	100
endure	56
enforce	28
enhance	70
enlarge	47
enormous	91
enroll	53
ensure	16
enterprise	34
enthusiasm	32
entitle	109
equality	50
equate	56
era	47
erupt	35
essence	100
estate	104
eternal	113
ethic	37
ethnic	67
evaluate	70

F

fabric	86
fabulous	31
fade	103
faint	22
famine	41
farewell	89
fatal	92
federal	31
feminine	95
fertile	101
fetch	94
fierce	37
finance	19
flatter	50
flaw	104
flesh	76
flourish	106
forbid	49
forefather	110
formula	16
forthcoming	86
foster	113
foundation	41
frontier	107
fulfill	77
fund	100

fundamental 10
furnish 32

G

gaze 74
gene 71
genuine 52
geography 41
glance 68
gloomy 38
gorgeous 35
gracious 110
grease 49
grieve 65

H

habitat 110
habitual 56
handicap 38
handy 59
harsh 56
hazard 53
herd 50
holy 52
hospitality 35
hostile 32
humanity 47

I

identical 55
ideology 106
illuminate 86
illusion 89
illustrate 76
immediate 67
impose 55
imprison 56
income 100
indicate 82
indifferent 29
indispensable 77
inevitable 112
infrastructure 52

inherent 70
inherit 23
inhibit 74
initial 19
inject 74
injure 47
innate 65
innovation 103
input 89
insight 13
inspect 55
install 71
instinct 68
institute 106
intense 109
interact 85
interfere 112
interior 22
interval 88
invade 65
invaluable 32
investigate 91
invoke 83
irritate 59
isolate 94

J

jury 16
justice 58

K

kneel 109

L

leak 53
lease 50
legacy 47
legend 20
liberal 58
likewise 73
limb 85
loan 10
lodge 19

logic 55
lord 73
lump 106

M

machinery 17
maintenance 19
manuscript 83
massive 112
mature 28
mechanism 88
medieval 86
mere 64
mill 76
ministry 40
misuse 89
moderate 13
modest 22
moist 14
momentary 91
motivate 95
motive 109
multiple 101
mutual 73

N

navigate 104
neglect 64
negotiate 10
nerve 31
nominate 107
nonetheless 16
notify 110
notwithstanding 103
nuisance 46
numerous 88
nurture 47

O

obligation 50
obtain 67
obvious 13
occupy 55

odor	53	poll	104	regardless	59
offend	91	portion	16	regulate	28
offset	100	portray	107	rehearse	113
offspring	11	potential	34	relevant	37
ongoing	103	precise	112	relief	58
onwards	107	pregnant	113	remark	100
orbit	55	prejudice	10	remedy	31
oriental	11	premature	47	represent	94
outbreak	59	presence	11	reproduce	91
outcome	49	presume	14	reputation	34
outdated	65	prevail	50	resemble	38
outline	92	preview	35	resent	68
outlook	23	previous	13	reservoir	71
output	16	primitive	52	reside	73
overall	28	privilege	38	resign	88
overdue	68	procedure	17	resolve	38
overhear	14	proclaim	95	respective	92
overlook	17	prohibit	16	restrict	85
overtake	71	prompt	19	retail	77
overwhelm	73	prose	41	retire	83
		prospect	23	reveal	46
		prosper	101	revenge	49
P		protest	19	reverse	73
painstaking	76	protocol	29	revive	113
panel	70	province	14	ridiculous	35
parameter	109	provoke	104	ritual	32
patriot	83	psychology	76	rob	53
pavement	20	publication	56	rod	46
peak	86	publicity	77	rot	49
peculiar	35	punctual	103		
pedestrian	23				
peer	29			**S**	
penalty	20	**Q**		sacrifice	28
peninsula	89	qualify	22	sarcastic	107
permanent	82	quote	34	satire	37
persist	22			savage	110
perspective	52			scar	110
pessimistic	92	**R**		scenario	53
pesticide	95	radical	73	scrape	70
phase	91	reception	17	sensation	104
phenomenon	31	recipient	83	sensible	29
pinch	22	recreation	86	sentimental	23
pirate	101	reference	94	session	28
plague	32	refine	112	sewage	101
plaster	47	reform	35	shallow	58
platform	76	refuge	56	shift	31

shortage	94
significant	53
simulate	82
simultaneously	92
sin	50
skeptical	34
slam	89
slang	53
slender	86
smash	83
snore	47
sob	50
solemn	20
solitary	95
somewhat	64
soothe	52
sophisticated	17
sorrow	14
sparkle	56
specify	56
speculate	59
spite	59
splendid	56
split	64
sponsor	101
spouse	11
stable	58
stain	64
starve	113
statistic	68
steady	67
stem	71
stiff	70
stimulate	65
stock	74
straightforward	50
strategy	74
striking	11
stubborn	14
stun	68
subscribe	71
substance	77
substitute	76
superb	55
superior	16
supernatural	58

supervise	73
supplement	82
surrender	77
sustain	86
sympathy	82

T

tap	31
tease	76
temper	64
tempt	100
tenant	113
tendency	37
tension	106
territory	65
therapy	68
tin	76
tolerate	110
trace	10
transition	91
translate	106
treaty	71
tremendous	107
trend	40
tribute	20
trivial	104
troop	101

U

undergo	82
underline	23
upcoming	95
urgent	40

V

vacant	92
valid	34
vast	37
veil	73
verbal	29
verse	103
vice	74
victim	109

viewpoint	32
virtue	103
visual	37
vital	64
volcano	35
voluntary	82
vow	88

W

wage	34
warehouse	85
weave	55
weep	85
welfare	109
wholesale	101
widespread	46
wilderness	113
witness	86
wreck	88

Y

yearn	11

이것이 THIS IS 시리즈다!

THIS IS GRAMMAR 시리즈

▷ 중·고등 내신에 꼭 등장하는 어법 포인트 분석 및 총정리

★★★★★
강남인강
강의교재
★★★★★

THIS IS READING 시리즈

▷ 다양한 소재의 지문으로 내신 및 수능 완벽 대비

★★★★★
강남인강
강의교재
★★★★★

THIS IS VOCABULARY 시리즈

▷ 주제별로 분류한 교육부 권장 어휘

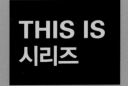

THIS IS
시리즈

무료 MP3 및 부가자료 다운로드
www.nexusbook.com
www.nexusEDU.kr

THIS IS GRAMMAR 시리즈
Starter 1~3 영어교육연구소 지음 | 205×265 | 144쪽 | 각 권 12,000원
초·중·고급 1·2 넥서스영어교육연구소 지음 | 205×265 | 250쪽 내외 | 각 권 12,000원

THIS IS READING 시리즈
Starter 1~3 김태연 지음 | 205×265 | 156쪽 | 각 권 12,000원
1·2·3·4 넥서스영어교육연구소 지음 | 205×265 | 192쪽 내외 | 각 권 10,000원

THIS IS VOCABULARY 시리즈
입문 넥서스영어교육연구소 지음 | 152×225 | 224쪽 | 10,000원
초·중·고급·어원편 권기하 지음 | 152×225 | 180×257 | 344쪽~444쪽 | 10,000원~12,000원
수능 완성 넥서스영어교육연구소 지음 | 152×225 | 280쪽 | 12,000원
뉴텝스 넥서스 TEPS연구소 지음 | 152×225 | 452쪽 | 13,800원

LEVEL CHART

NEXUS Edu

	초1	초2	초3	초4	초5	초6	중1	중2	중3	고1	고2	고3

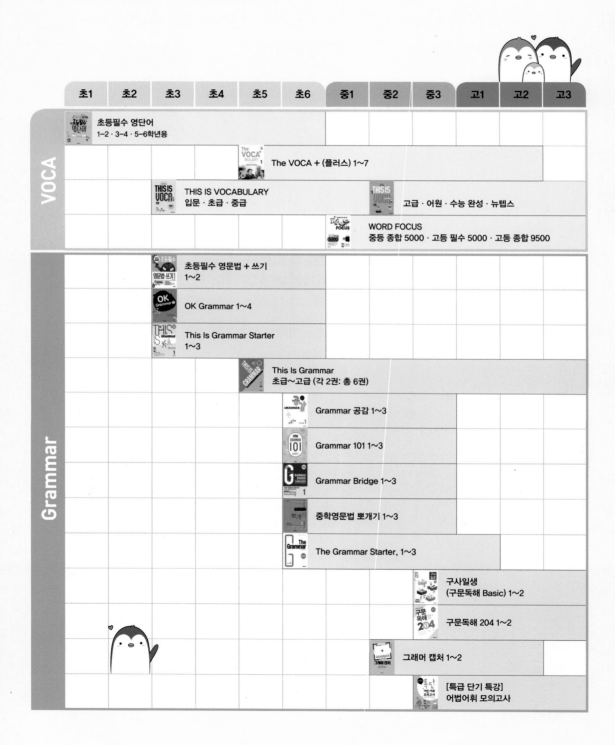

VOCA

- 초등필수 영단어 1-2 · 3-4 · 5-6학년용
- The VOCA + (플러스) 1~7
- THIS IS VOCABULARY 입문 · 초급 · 중급
- 고급 · 어원 · 수능 완성 · 뉴텝스
- WORD FOCUS 중등 종합 5000 · 고등 필수 5000 · 고등 종합 9500

Grammar

- 초등필수 영문법 + 쓰기 1~2
- OK Grammar 1~4
- This Is Grammar Starter 1~3
- This Is Grammar 초급~고급 (각 2권: 총 6권)
- Grammar 공감 1~3
- Grammar 101 1~3
- Grammar Bridge 1~3
- 중학영문법 뽀개기 1~3
- The Grammar Starter, 1~3
- 구사일생 (구문독해 Basic) 1~2
- 구문독해 204 1~2
- 그래머 캡처 1~2
- [특급 단기 특강] 어법어휘 모의고사

	초1	초2	초3	초4	초5	초6	중1	중2	중3	고1	고2	고3
Writing				공감 영문법+쓰기 1~2								
						도전만점 중등내신 서술형 1~4						
				영어일기 영작패턴 1-A, B · 2-A, B								
				Smart Writing 1~2								
Reading						Reading 101 1~3						
						Reading 공감 1~3						
						This Is Reading Starter 1~3						
						This Is Reading 전면 개정판 1~4						
						This Is Reading 1-1 ~ 3-2 (각 2권; 총 6권)						
						원서 술술 읽는 Smart Reading Basic 1~2						
									원서 술술 읽는 Smart Reading 1~2			
									[특급 단기 특강] 구문독해 · 독해유형			
Listening						Listening 공감 1~3						
						The Listening 1~4						
						After School Listening 1~3						
						도전! 만점 중학 영어듣기 모의고사 1~3						
									만점 적중 수능 듣기 모의고사 20회 · 35회		
TEPS						NEW TEPS 입문편 실전 250⁺ 청해 · 문법 · 독해						
						NEW TEPS 기본편 실전 300⁺ 청해 · 문법 · 독해						
							NEW TEPS 실력편 실전 400⁺ 청해 · 문법 · 독해					
							NEW TEPS 마스터편 실전 500⁺ 청해 · 문법 · 독해					

www.nexusEDU.kr
t.02-330-5500 f.02-330-5555
NEXUS Edu

새 교과서 반영 공감 시리즈

Grammar 공감 시리즈
▶ 2,000여 개 이상의 충분한 문제 풀이를 통한 문법 감각 향상
▶ 서술형 평가 코너 수록 및 서술형 대비 워크북 제공

Reading 공감 시리즈
▶ 어휘, 문장 쓰기 실력을 향상시킬 수 있는 서술형 대비 워크북 제공
▶ 창의, 나눔, 사회, 문화, 건강, 과학, 심리, 음식, 직업 등의 다양한 주제

Listening 공감 시리즈
▶ 최근 5년간 시·도 교육청 듣기능력평가 출제 경향 완벽 분석 반영
▶ 실전모의고사 20회 + 기출모의고사 2회로 구성된 총 22회 영어듣기 모의고사

• Listening, Reading – 무료 MP3 파일 다운로드 제공

강남인강
강의교재

공감 시리즈

무료 MP3 파일 다운로드 제공
www.nexusbook.com

Grammar 공감 시리즈
Level 1~3 넥서스영어교육연구소 지음 | 205×265 | 260쪽 내외(정답 및 해설 포함) | 각 권 12,000원

Grammar 공감 시리즈(연구용)
Level 1~3 넥서스영어교육연구소 지음 | 205×265 | 200쪽 내외(연구용 CD 포함) | 각 권 12,000원

Reading 공감 시리즈
Level 1~3 넥서스영어교육연구소 지음 | 205×265 | 200쪽 내외(정답 및 해설 포함) | 각 권 10,000원

Listening 공감 시리즈
Level 1~3 넥서스영어교육연구소 지음 | 210×280 | 280쪽 내외(정답 및 해설 포함) | 각 권 12,000원